Der Tempel Mnajdra
    liegt am schönsten
        und gilt als am besten erhalten.

Wie kann man
    auf den Gedanken kommen,
        ihn zu zerstören?

Klaus Albrecht

Maltas Tempel

Zwischen Religion und Astronomie

Astronomische Ausrichtungen
megalithischer Tempel
auf Malta und Gozo und
ihre religiösen Bezüge

Klaus Albrecht

Impressum für die 2. Auflage
© 2004 Verlag Sven Näther
Vogelweide 25, D – 14557 Wilhelmshorst

Text, grafische Gestaltung, Fotos und Zeichnungen, wenn nicht
anders gekennzeichnet: Klaus Albrecht

Titelfoto:
Sonnenaufgang in Ggantija II zur Wintersonnenwende,
Blick durch den Tempeleingang nach Nadur
(von Joseph Attard, 23.12.1999, 7:12 Uhr)

Satz und Layout: Verlag Sven Näther
Printed in Malta

ISBN 3 – 934858 – 01 – 5

Inhalt

5

1. Vorwort

„Malta - ein archäologisches Paradies"[1] - so lautet der Titel einer populären Schrift für Touristen, die auf Malta Urlaub machen. Auf einer Reise zu Ostern 1999 faszinierte mich die Menge an vorgeschichtlicher Architektur, die sich hier auf engstem Raum fand, besonders die megalithischen Tempel. Nachdem ich mich schon mit der Ausrichtung neolithischer Architektur andernorts beschäftigt hatte, suchte ich auch hier nach möglichen Ausrichtungen der Anlagen. In der vorliegenden Schrift sollen Untersuchungen und Ergebnisse vorgestellt werden. In der Zeit zwischen dem 15.12.99 und dem 22.12.99 habe ich vor Ort Messungen vorgenommen und Fotos gemacht, die u.a. hier dokumentiert werden.

Religiosität ist in Malta bis heute eine wesentliche Größe. Sie äußert sich z. B. in den monumentalen Kirchen, die im neobarocken oder neoklassizistischen Stil bis in die jüngste Vergangenheit gebaut wurden. An den religiösen Festen beteiligen sich große Teile der Bevölkerung, was ich Ostern und Weihnachten 1999 beobachten konnte. Auf Malta und Gozo sind die verschiedensten historischen Kulturphasen, die man in Europa und Nordafrika findet, vom Neolithikum bis heute vertreten. Die maltesische Kultur ist geprägt durch äußere Einflüsse, die schon früh aus dem gesamten Mittelmeerraum kamen. Sie ergaben sich durch Phönizier, Römer, Kreuzritter, Türken, Franzosen und Engländer. Sie fand aber auch einen selbständigen Ausdruck.[2] Die megalithischen Bauten, auf die die Bewohner Maltas zu recht stolz sind, sind der Beginn einer großartigen Baukunst und Religionsäußerung. Als Tourist kann man das bestaunen und der Versuchung nicht widerstehen, mehr von den Geheimnissen, die die alte Kultur birgt, zu erfahren.

Diese Schrift soll Bekanntes nicht einfach wiederholen, sondern einen besonderen Aspekt herausheben und von verschiedenen Seiten kritisch beleuchten. Bei Weitem konnten nicht alle Fragen geklärt werden, so dass es in der speziellen Frage der Ausrichtung der Maltesischen Tempel noch weiterer Untersuchungen bedarf.

Bisher überwiegen in der Darstellung und Interpretation der Funde entweder die Reduktion der alten Religionen auf Totenkulte oder Fruchtbarkeitskulte im Umfeld möglicherweise matriarchalisch organisierter Gesellschaften. Die Esoterik bemächtigt sich der alten

Glaubensinhalte und bestimmt vielfach die Interpretationen. Die Fachwissenschaftler der Archäologie in Malta selbst stehen der Theorie einer bewussten Ausrichtung der Tempel eher skeptisch gegenüber. Die Darstellung der Phänomene der astronomischen Ausrichtung an den maltesischen Tempeln kann aber eine neue Richtung in der Diskussion um die kulturellen Hintergründe ergeben. Es geht um eine Versachlichung.

Dem Museum für Archäologie in Valletta danke ich für die freundliche Genehmigung der Untersuchungen in den Tempeln und den Wachleuten für ihren morgendlichen Einsatz. Den Herren Prof. Dr. Wolfhard Schlosser, Dr. Horst Koenies und Dr. Volker Knöppel und meiner Frau Karin danke ich für die kritische Durchsicht meiner Texte. Vielen Dank auch an den Verlag Sven Näther, der die Veröffentlichung ermöglicht hat.

Klaus Albrecht, 27. Mai 2001

2. Einleitung

Maltas Tempel sind großartige Zeugnisse der neolithischen Tempel-
kultur zwischen 3600 und 2500 v.u.Z.. Sie korrespondieren mit zeit-
gleichen und bauähnlichen Tempelanlagen z. B. in England, Irland
und Nordfrankreich. Deren architektonische Ausrichtung zu Sonnen-
auf- und Sonnenuntergängen weisen auf religiöse Archetypen hin,
die sich aus der Vorgeschichte über die Hochreligionen bis heute
fortschreiben lassen.

Während die morgendlichen Sonnenlichteinfälle in irischen Kultanlagen zu den Sonnenwenden und Tages- und Nachtgleichen unum-
strittene Tatsachen sind, tut sich die archäologische Fachwissen-
schaft mit ähnlichen Erkenntnissen bei den maltesischen Tempeln
schwer.

**Es soll hier die These belegt werden, dass die Tempel in Malta
in ihrer überwiegenden Zahl nach Südosten ausgerichtet sind, in
die Richtung der aufgehenden Sonne zur Wintersonnenwende.**

Selbst nach Jahrtausenden der Zerstörung und Rekonstruktion
lässt sich dies heute noch feststellen, da Grundmauern und damit
Bauachsen gut erhalten sind. Zum Teil finden sich auch Ausrichtungen auf den Sonnenuntergang zur Wintersonnenwende.

Die vorgeschichtlichen Menschen in Malta haben sich mit Astro-
nomie beschäftigt. Mit dem Stein vom Tempel Tal-Qadi haben wir
einen handfesten Beleg. Zu sehen sind Sterne, Mond und Strahlen,
wie bei einer Himmelskarte.[3]
(Abb. 1)

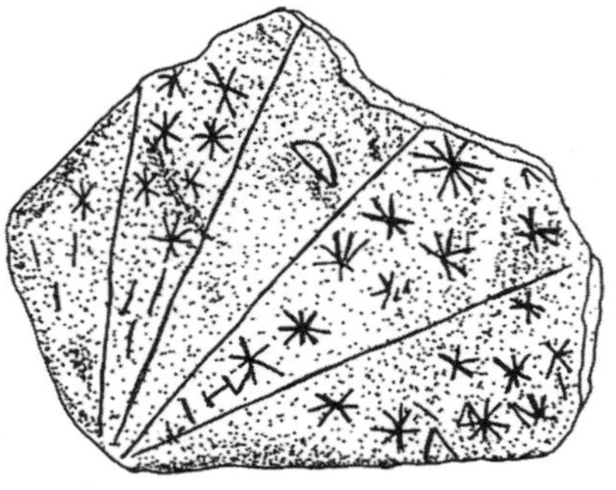

**Abb. 1: Dekoriertes Steinfragment
mit Sternen und Mond innerhalb
von Segmenten, Prov. Tal-Quadi,
29,0 * 23,5 * 5,0 cm**

Alle Hochreligionen haben
durch diverse Architektur und
andere Kuläußerungen den
dualen Bezug zwischen Himmel und Erde in das Zentrum
ihres Weltbildes gesetzt. Die
häufig als mütterlich verstan-
dene Erde wurde als Gegenüber zu der väterlichen Himmelskraft der Sonne gesehen.
Aus ihrer Verbindung, der
"Heiligen Hochzeit", wurde

die Welt immer wieder neu erschaffen, in rituellem Handeln wurde die Wiederkehr beschworen. Politischer Herrschaftsanspruch leitete sich in allen alten Kulturen aus dem besonderen Verhältnis bzw. der Abstammung des Herrschers vom Himmelsgott ab. Die oberste göttliche Kraft wird durch die Sonne repräsentiert. Z. B. herrscht der Sonnengott Aton (Re) in der ägyptischen Religion, dessen Erbe als oberster Gott im Himmel unter anderen der Gott der Juden und Christen angetreten ist.

Die Ausleuchtung der Seiten- und Hauptaltäre durch die Sonne zur Wintersonnenwende belegt die Fähigkeit und den Willen der neolithischen Baumeister, ihre religiösen Vorstellungen in der Baukunst zu verewigen. Anhand von Messreihen, Grundrisszeichnungen, Schnittzeichnungen und Modellen ist der Einfall der Sonnenstrahlen zu bestimmten Jahrestagen belegbar. Neben der Messung von Aufgangsazimut und Einfallswinkel ist es unabdingbar, die Besonderheiten der Konstruktion der Tempel, ihrer Umgebung und des Horizontes in die Beweisführung einzubeziehen.

3. Bisherige Sichtweise zur astronomischen Ausrichtung der Tempel

„Nichts deutet bei den Sakralanlagen des maltesischen Archipels auf eine Verehrung der Himmelskörper. Sie (die Glaubensauffassungen) gehören ihrem Wesen nach in die Welt der frühen tellurischen Religionen des Ostmittelmeerraumes, die von dem Totenkult und der großen Muttergottheit beherrscht waren." [4] Diese Bemerkung von Sibylle von Reden über Malta von 1988, scheint eine lange gepflegte Auffassung über die Tempelbauer Maltas zusammenzufassen. Die konkrete Abgrenzung gegen die Verehrung von Himmelsgottheiten ist dabei besonders bemerkenswert.

Wir finden schon im Reallexikon der Vorgeschichte ähnliche Aussagen:

„Die engen Beziehungen, welche diese Kultbauten von Malta zu dem Hypogäum von Hal Saflieni auf Malta und zu den Grabbauten des megalithischen Kulturkreises von Westeuropa und Nordwestafrika haben, lassen vermuten, dass sie einem chthonischen Kult geweiht waren, der aus dem Totenkult erwachsen war, wenn auch mit Sicherheit behauptet werden kann, dass diese Heiligtümer von Malta nicht mehr zu Bestattungen gedient haben. Dabei scheint eine Verehrung einer weiblichen Gottheit eine nicht unwichtige Rolle gespielt zu haben." [5]

Eine kleine Schrift aus Malta, in der u. a. die in den maltesischen Tempeln gefundenen berühmten Frauenstatuen beschrieben werden, fasst zusammen, was in den alten religiösen Auffassungen an Fruchtbarkeitskulten zu vermuten ist:

„Der prähistorische Mensch sah in der Erde die Mutter Natur. Es war die `Mutter Erde`, die ihn mit Getreide, Früchten und Tieren versorgte. Er war eifrig bedacht, ihre Gegenwart darzustellen. In dem Bewusstsein, dass sein Weib seinen Kindern das Leben schenkt, konnte er daraus schließen, dass nichts Mutter Erde deutlicher versinnbildlichen könnte, als eben dieses Weib. Daher errichtete er auf den Altären die Statur einer Frau - die Göttin der Fruchtbarkeit." [6]

Und Joachim von Freeden schreibt von den monströsen Sitzfiguren, die in den Tempeln angebetet wurden, als Symbole des materiellen Überflusses, der Macht und Geborgenheit, die durch die Demonstration überreicher Nahrungszufuhr, das Spenden bzw.

Garantieren, was sich die Menschen der Frühzeit am sehnlichsten wünschten: ewige Fruchtbarkeit der Natur. [7]

Die aufgeführten verschiedenen Aspekte des religiösen Lebens im vorgeschichtlichen Malta scheinen aufgrund der Funde bestätigt zu werden. Für die aufwendige Bestattung der Toten in unterirdischen Grüften scheint der Glaube an chthonische Mächte zu stehen. Die fettleibigen Figuren verweisen auf den Wunsch nach Fruchtbarkeit und Wohlstand. Das Symbol Frau repräsentiert die große Mutter Erde, die das Leben hervorbringt.

Bei diesen Betrachtungen scheint aber ein wesentlicher Gesichtspunkt außer Acht gelassen zu werden, der sich aus der Untersuchung der Megalithtempel ergibt. Bei der Zusammenschau der religiösen Elemente fehlt neben dem Glauben an die Unterwelt und die Erde noch der Glaube an den Himmel. In allen Religionen spielt der Himmel mit seinen verschiedenen Erscheinungen von Gestirnen und Wetter den unentbehrlichen Gegenpart zur Erde, zur Welt der Menschen. So findet man überall das Gegensatzpaar von Licht und Dunkel. Während auf der einen Seite die Erde als Mutter gesehen wird, ist es auf der anderen Seite der Himmel, bzw. die Sonne am Himmel, die den Vater repräsentiert. Wenn je nach Gelegenheit mal der eine, mal der andere Aspekt mehr oder weniger stark betont wurde, so ist doch ein völliges Fehlen einer Seite nicht wahrscheinlich. [8]

Wo lässt sich dieser Aspekt nun in Malta finden? Hierfür gibt es ein auffälliges Merkmal an den Tempeln, das entscheidenden Aufschluss geben kann. Es handelt sich um die Ausrichtung der Tempel auf bestimmte Himmelsrichtungen bzw. hier auf bestimmte Azimute, die mit Sonnenaufgängen und –untergängen zusammenhängen. Sie sind in der Literatur nicht ausreichend behandelt worden.

Bisherige Beschreibungen haben hauptsächlich auf die Ausrichtung der Tempeleingänge nach Süden bzw. ihrer Abweichungen nach Osten oder Westen verwiesen, ohne dabei übergreifende Auffälligkeiten festzustellen.

„Bei den 25 Tempeln, deren Bauachsen und Fassadenfronten einwandfrei dokumentiert sind, bevorzugen die Baumeister keine einheitliche Himmelsrichtung, wie wir sie z. B. von christlichen Kirchen her kennen (Ostung der Apsis). Die Toranlagen öffnen sich heute in der Mehrzahl zwischen Ost und West in südliche Richtung... Die Nordrichtung wurde mit einer Ausnahme ausgelassen." [9]

11

Den Grund für diese Ausrichtung sieht Freeden in der bevorzugten Ausrichtung der Siedlungen nach Süden wegen des Klimas, die wiederum mit den Kultanlagen korrespondiert. Sie seien wohl aus Tradition, entsprechend der vorhergehenden Bauten und bei zusammenhängenden Tempeln auf ein Zentrum auf den Vorplatz ausgerichtet. Er übersieht, dass bei seiner Auflistung von 31 Tempel oder Tempelteilen 9 nach Südost zeigen, 7 nach Südwest, 3 nach Osten, 4 nach Süden, einer nach Westen, einer nach Norden und 8 aufgrund ihres Erhaltungszustandes nicht zu bestimmen sind, d.h. die Tempel sind überwiegend zum Aufgang oder Untergang der Sonne zur Zeit der Wintersonnenwende ausgerichtet und dies insbesondere bei den größeren Anlagen.

Der Aspekt der Ausrichtung wird in einer von zwei maltesischen Wissenschaftlern durchgeführten Untersuchung betrachtet, die eine gewisse Häufigkeit bei der Ausrichtung der Tempel nach Südost und nach Südwest festgestellt haben. [10] George Agius und Frank Ventura stellen eine bewusste Ausrichtung nicht in Frage, finden aber keine schlüssige Erklärung für eine astronomische Orientierung. Dafür bemühen sie sowohl Sonnenwenden, Mondwenden, und den Stand bestimmter Sterne und Sternbilder usw. Ausrichtung auf Mondextreme und Sternbilder konnten sie nicht sicher feststellen. Nur bei dem Mnajdra-Komplex gäbe es eine mit Sicherheit zu erkennende astronomische Ausrichtung nach Osten zur aufgehenden Sonne bei der Tages- und Nachtgleiche. Ihre Ausführungen geben zwar bevorzugte Ausrichtungen an, doch sie werden nicht weiter hinterfragt.

Am Ende ihrer Untersuchung, die vermutlich die Grundlage der verschiedenen Äußerungen von Archäologen zu den möglichen astronomischen Ausrichtungen der Tempelachsen ist, stellen Agius und Ventura fest:[11] „Obwohl die Absicht für dieses Projekt war, eine einleuchtende astronomische Ausrichtung für die Haupttempelachsen zu finden, sind wir uns bewusst, dass die Wahl der Orientierung durch die Erbauer durch andere Faktoren beeinflusst worden sind, wie durch eine vorherrschende Windrichtung zur Zeit und Lage der Tempel. Selbst wenn der Wind wichtig gewesen sein mag, wenn auch nicht der wichtigste Faktor, kann doch das Muster der Orientierung, welches wir gefunden haben, nicht leicht wegerklärt werden." (Übersetzung Autor)

Auch bei Bonanno finden wir folgende Feststellung: "Der südli-

che Tempel des Mnajdra - Komplexes ist genau nach dem Sonnenaufgang zur Zeit der Tag- und Nachtgleiche ausgerichtet." [12] Es gäbe
aber Zweifel, dass diese Ausrichtung mit Absicht erfolgt ist, weil sie
schwierig zu ermitteln sei.

In drei weiteren hier zu erwähnenden Texten wird von einer Ausrichtung der Tempel auf astronomische Ereignisse oder der Sonneneinstrahlung in Einzelfällen ausgegangen.

Gerald J. Formosa berichtet in seinem Buch von 1975 über Sonneneinfälle in die maltesischen Tempel. Er findet allerdings nur
einige Lichteinfälle, die sich auf Mauerdurchlässe beziehen. Von diesen muss man wahrscheinlich Abstand nehmen, weil die heutigen
Mauersituationen zum großen Teil Rekonstruktionen darstellen. [13]
Nur ein Tempelteil in Hagar Qim wird zum Sonnenuntergang der
Sommersonnenwende geortet.

Dagegen hat Paul Micallef in einer Schrift von 1989 den unteren
Tempel von Mnajdra genauer untersucht. Schon 1979 hat er durch
Messungen herausgefunden, dass dieser Tempel eine Sonnenorien-
tierung besitzt. „Das erste Ergebnis war, dass der Mnajdra Tempel
den ersten Tag der vier Jahreszeiten voraussagt, 21. März (Tag- und
Nachtgleiche), 21. Juni (Sommersonnenwende), 23.September (Tag-
und Nachtgleiche) und den 22. Dezember (Wintersonnenwende)."...
„Steht man genau in der Mitte der Hauptpassage des unteren Tem-
pels, kann man beobachten, wie sich die Sonne ganz genau in der
Mitte der Passage vor einem erhebt. Das Erscheinen der Sonne beim
Sonnenaufgang entlang der Hauptpassage tritt an zwei bestimmten
Tagen im Jahr ein, nämlich an den Tagen der Tag- und Nachtgleichen." [14] Für die beiden anderen Tage werden beim Sonnenaufgang
die zwei seitlichen Steine rechts und links neben dem mittleren
Durchgang erleuchtet. Paul Micallef nennt in seiner Schrift deshalb
auch diesen Tempel den Sonnentempel oder den Kalender aus Stein.
Diese Ausrichtung ist bisher von keinem Wissenschaftler bestritten
worden. Da aber in der Regel die maltesischen Tempel diese Ausrichtung nicht aufzeigen, wird dieser Tempel immer noch als singu-
lärer Fall betrachtet.

In einem weiteren Aufsatz zur astronomischen Ausrichtung der
Tempel wird eine mögliche Orientierung auf Sternbilder vermutet.
Dabei beziehen sich die Autoren Fodera, Hoskin und Ventura auf die
Untersuchungen von Agius und Ventura, die eine Häufung von

13

bestimmten Azimuten feststellten. Die Abweichungen der beiden Hauptachsen von Ggantija werden herangezogen, um eine mögliche Änderung von Aufgangsazimuten bei Sternbildern über längere Zeiträume zu korrigieren. Da eine unterschiedliche Bauzeit entsprechend der Verschiebung nicht nachgewiesen ist, ist diese These wohl eher gewagt. Sie verneinen ebenfalls eine Ausrichtung auf Mond- und Sonnenaufgänge, vor allem weil sich die Haupttempelachsen nicht auf die entsprechenden Azimute beziehen. Die Sonnenhöhen passen nicht in ihr Konzept.[15]

Die Konzentration der Azimute auf zwei Hauptrichtungen steht aber im Grundsatz fest. Es darf ein bestimmtes Muster angenommen werden, nach dem sich die Erbauer gerichtet haben. Dass aber die Windrichtung, wie von Agius und Ventura vermutet, bei den Ausrichtungen der Tempel eine Rolle gespielt haben soll, ist unwahrscheinlich, da der Wind je nach Jahres-, Tages- und Nachtzeit variieren kann und demnach keine wirkliche Hauptrichtung vorhanden ist. Es ist vielmehr festzustellen, dass es die Ausrichtung der Tempelachsen zur Wintersonnenwende gewesen sein muss, die bei dem Bau der Anlagen die entscheidende Rolle gespielt hat.

4. Ausrichtung und Konstruktion der Tempelanlagen

In diesem Abschnitt sollen die wesentlichen Erkenntnisse zusammenfassend dargestellt werden, die sich unmittelbar oder mittelbar auf die Ausrichtung der Tempelanlagen beziehen. Die Bestätigung der These, dass es eine bevorzugte Ausrichtung der Tempel zum Sonnenaufgang zur Wintersonnenwende gibt, erforderte Untersuchungen vor Ort. Im Detail sind die Ergebnisse in Abschnitt 7 dargestellt, der den einzelnen Tempeln gewidmet ist.

4.1. Grundrisse

Um sich die Lichteinfälle zu den Sonnenaufgängen zur Wintersonnenwende vorstellen zu können, sollen zunächst die Grundrisse der Tempel betrachtet werden.

Diese kann man besonders an dem großen Tempel von Ggantija studieren, da sein Erhaltungszustand einigermaßen gut ist. Sein jetziger Zustand entspricht in etwa dem von vor ca. 230 Jahren. Schon zu der Zeit war er als Ruine bekannt und wurde von Jean Houel gezeichnet.[16] (Abb. 2) Er machte durch seine Größe sicher auf alle Generationen einen gewaltigen Eindruck, so dass er nur zum Teil abgetragen war. Wesentliche Mauerteile sind erhalten. Eine Rekonstruktion in den Jahrhunderten, die vor dieser Zeichnung von Jean Houel liegen, ist nicht wahrscheinlich.

Abb. 2: Zeichnung der Tempelruine Ggantija von Jean Houel ca. 1770 (aus: Das Rätsel von Hagar Qim, Mayerhofer)

1779

1. Rekonstruktion (vor 1834)

2. Rekonstruktion (zwischen 1836 und 1839)

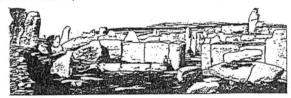

Fassadenrekonstruktion (1950er-Jahre)

Abb. 3: Hagar Qim, Rekonstruktionen von 1779 bis in die 1950er Jahre

Im Gegensatz zu Ggantija sind von den meisten anderen Tempeln nur die Grundrisse sicher belegbar. Durch Rekonstruktionen wurde vom Anfang des 19. Jahrhunderts bis in die 50er Jahre des 20. Jahrhunderts die jetzige Gestalt der Tempel geschaffen, die aber nicht in jedem Fall mit den prähistorischen Gegebenheiten übereinstimmen muss. Am Beispiel von Hagar Qim (Abb. 3) hat Karl Mayrhofer nachgewiesen, welche umfangreichen Rekonstruktionen vorgenommen worden sind.[17]

Der Tempel von Ggantija hat die typischen Grundrissformen, die sich in allen maltesischen Tempeln finden lassen, auch wenn sie andernorts teilweise durch Um- und Anbauten modifiziert wurden. Es handelt sich bei Ggantija um einen Doppeltempel, der zwei annähernd gleich geformte Teile besitzt, die eng aneinander liegen (Abb. 4). Wenn man nur einen Teil dieses Tempels betrachtet, erkennt man vier Räume, die sich symmetrisch und paarweise an einen mittleren Gang angliedern. Am Gangende befindet sich eine Apsis, in der ein Altar steht. Die fünf unterscheidbaren Räume ergeben ein Fünfeck. Dieses Fünfeck wiederholt sich in Ggantija auch in den Außenmauern. In einigen kleineren Tempeln gibt es nur eine Kleeblattform. Die Grundrissformen korrespondieren mit Megalithbauten in Europa und Nordafrika, z. B. mit den sogenannten Ganggräbern in England und Irland, die sowohl die Kleeblattform, als auch den Gang mit den zwei seitlichen Raumpaaren beinhalten.

Die Grundrissform der meisten Tempel geht von einem Kreis aus, der wiederum durch einen vorgelagerten Kreis angeschnitten wird.

Abb. 4: Ggantija aus der Vogelperspektive (nach Karl Mayerhofer)

17

Dadurch ergibt sich eine konkave Front, in deren Mitte dann der Eingang des Tempels liegt. Er ist besonders ausgebildet, zumeist als Trilith oder als Monolith mit Durchbruch. Für den runden Platz vor dem Tempel ist ein offener Raum anzunehmen, der häufig durch die Pflasterung erkennbar ist. Dies erinnert an die megalithischen Kreisanlagen, die durch Gräben, Wälle und einzeln stehende Steine gekennzeichnet sind. In Malta sind die klaren Kreisstrukturen nicht mehr ohne weiteres zu erkennen, weil sie durch Um- und Anbauten überlagert werden. In Ggantija liegen die fünf Eckpunkte der beiden Tempel jeweils auf einem Kreis (Abb. 5).

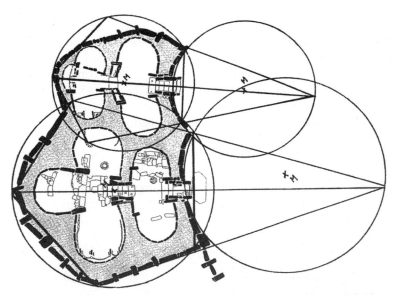

Abb. 5: Geometrische Struktur der Tempel Ggantija I und Ggantija II (Grundriss nach Müller-Karpe)

Hagar Qim hat z. B. trotz der chaotischen Binnenstruktur zwei ineinander greifende Kreise als äußere Umfassung, in denen sich zumindest in einem die bekannte Innenanlage von fünf Räumen wiederfindet. Mnajdra bildet einen Doppeltempel mit zwei Kreisen, die einen dritten anschneidet und der wiederum den Hof bildet. Ohne komplizierte Vermessung konnten von den Erbauern mit einfachen

18

Hilfsmitteln am Beginn des Tempelbaus mit Seil und Pflock Kreise gezogen werden. Für die ägyptische Baukunst ist nachgewiesen, dass z. B. Könige und „Götter" die Aufmessung eines Tempelgrundrisses als kultische Handlung gesehen haben[18] (Abb. 6). Die Tempel besitzen Außenwände und Innenwände. Der Platz zwischen den beiden Schalen, ist verfüllt mit kleinteiligem Material, z. B. Gesteinsschutt und Lehm. In Ggantija wurde die Stabilität der Außenwände z. T. durch

Abb. 6: König Ramses II spannt mit der Weisheitsgöttin Safech die Schnur für die Achse des Tempels von Karnak – um 1300 v. Chr. (nach Dümichen)

große Steine verbessert, die in die Füllmasse hineinragen und damit eine Verklammerung des Materials bewirken. Die Außenmauern sind in manchen Bereichen durch flachliegende Steine am Fuß gegen das Wegrutschen (Widerlager) gesichert. Die Innenwände werden durch die Hohlform des Raumes stabil. Die einzelnen Mauersteine sind durch die Formwahl und durch Verkeilung in den Fugen am Hineinfallen gehindert. Die Masse der Füllung zwischen den Innen- und Außenwänden erzeugt einen zusätzlichen Druck, der ein Zusammenfallen erschwert. Bei der Gesamtanlage sind Ähnlichkeiten mit den irischen Anlagen, zum Beispiel New Grange, zu finden. Dort gibt es die großen Hügel, die von Steinkreisen umfasst werden. Die außen am Fuß der Hügel liegenden großen Steine sorgen für die Stabilität, die neben der besonderen Binnenstruktur des Hügels das Auseinanderrutschen verhindert.

4.2. Überdachung

Während die meisten Wissenschaftler davon ausgehen, dass die Tempel in irgendeiner Weise überdacht oder überkuppelt waren, meint v. Freeden, dies sei unwahrscheinlich. Er begründet dies unter anderem mit angeblich zu großer Spannweite. Es gibt aber eine

Reihe von Indizien, die auf eine Überkuppelung oder andere Dachform verweisen. Die maltesischen Tempel stehen damit in einer Jahrtausende alten Tradition der Überdachung von heiligen Orten.

Auffällig ist in Malta die außerordentliche Häufigkeit von Kuppeln auf Kirchen. Das offensichtliche Interesse und die entsprechenden Fähigkeiten der Menschen, diese mit einfachsten Hilfsmitteln zu bauen, weist auf eine lange Bautradition. Häufig scheint dabei die erhebliche Größe und die innere Ausgestaltung eine besondere Rolle zu spielen. Eine symbolische Bedeutung besitzt die Kuppel in der Nachahmung des Himmelsgewölbes oder auch in der Nachempfindung von Höhlen und Grotten.

Die teilweise noch erhaltenen Außenmauern bei den Tempeln sind mit ihren schweren Steinen und den dicken Wänden in der Lage, große Gewichtsmassen zu halten. Die Räume haben nicht so große Ausmaße, dass sie nicht mit „falschen Gewölben hätten überkuppelt werden können, zumal häufig die überkragenden Ansätze in den vorhandenen Mauern zu erkennen sind. Die Innenmauern wurden ab einer bestimmten Höhe nach innen gezogen, um das Gewölbe zu beginnen. Die Außenwände gingen in eine Kuppel über, dabei sind bei größeren Tempeln nach oben spitzer zulaufende Gewölbe wegen der Tragfähigkeit denkbar (Abb. 7). Auch Holzteile zur Versteifung sind vorstellbar. Möglicherweise waren die Anlagen äußerlich wie kleine Hügel gestaltet.

Abb. 7: eingezogene Innenwand mit Gewölbeansatz im südlichen Tempel von Mnajdra

Abb. 8: Modell eines überkuppelten Tempels, Prov. Mgarr (4,5 x 3,7 cm, nach Müller-Karpe)

Abb. 9: Zeichnung eines Girna mit Oberlicht (aus „Ancient Malta", H. Lewis, 1977)

Es gibt kleine antike Modelle und Abbildungen von Tempeln in Malta, die überkuppelt waren (Abb. 8). Auch die unterirdischen Bauten in Malta empfinden eine Überkuppelung nach. Strukturen überkragender Gewölbe sind an den Decken der Tempelhöhlen im Hypogeum aus dem Fels geschnitten. Hier wurde in konzentrischen Kreisen stufenweise das Gewölbe geformt. Entsprechend sind immer kleiner werdende Steinkreise im Gewölbe von Tempeln vorstellbar.

Eine Überdachung der Tempel ist auf den Abbildungen des 18. Jahrhunderts nicht mehr zu erkennen. Dass dies in Malta trotzdem technisch möglich war und wie sie konkret ausgesehen haben könnte, zeigen Beispiele von archaischen Bautypen, die heute noch in Malta zu finden sind. Es sind kleinere Kuppelbauten, die als Behausung und Ställe genutzt wurden, sogenannte Girnas. Mit einfachster Technik haben Bauern „falsches" Gewölbe gebaut (Abb. 9). Genau wie die Nuragen der Bronzezeit in Sardinien zeigen auch sie die mögliche perfekte Überkuppelung an Gebäuden. Die Abdeckung erfolgte durch eine Schicht feineren Materials, Erde oder Kalkspeis, dass den Regen ablaufen ließ.

Ein weiterer Grund für die Überdachung ist das zum Teil raue Klima auf den Inseln. Wenn es auch im Winter nicht sehr kalt wird, so gibt es doch Zeiten mit heftigem Regen, Stürmen und Gewitter und stärkste Sonneneinstrahlung im Sommer, so dass eine Andacht unter freiem Himmel schwer vorstellbar ist.

Für die Effektivität eines Lichtspiels bei noch nicht voll entfalteter Sonnenkraft wäre es natürlich außerdem sehr wünschenswert gewesen, wenn der ganze Tempel überdacht gewesen wäre. Der Tempel ist in seinem Inneren dunkel, bis die Sonne durch ein Fenster oder die Tür hereinflutet. Die nachgewiesene rote Bemalung der Innenwände wird den Effekt ebenfalls verstärkt haben. Rot ist die Farbe der Sonne. Auch äußerlich können die Tempel geputzt und rot bemalt gewesen sein.

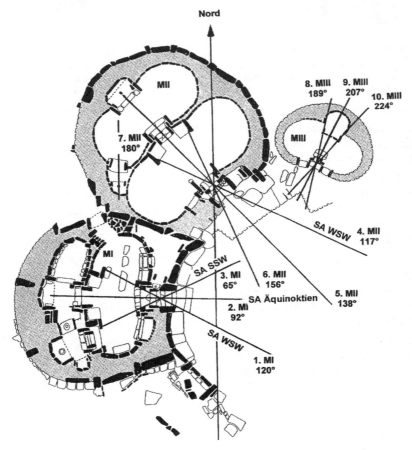

Abb. 10: Grundriss der Tempelanlage von Mnajdra mit den Azimuten der einfallenden Sonnenstrahlen jeweils bei Sonnenaufgang (SA) zur Wintersonnenwende (WSW), zu den Äquinoktien (ÄN) und zur Sommersonnenwende (SSW, Grundriss nach Müller-Karpe)

22

4.3. Sonnenlichteinfall

Zunächst soll der Sonneneinfall bei dem nördlichen Teil des Doppeltempels Mnajdra auf Malta betrachtet werden, weil er einen typischen Fall auch für die anderen Tempel darstellt. In diesem Tempelteil ist das Durchwandern der Sonnenstrahlen bei guten Wetterverhältnissen am 16.12.99 beobachtet worden (Abb. 10).

Der erste Sonnenstrahl der Wintersonnenwende fällt durch den Eingang des nördlichen Tempelteils auf einen besonders hervorgehobenen, aufrechtstehenden Stein, der mit einer liegenden Platte und einem weiteren Stein einen Altar bildet (Abb. 11). Dieses Ganze befindet sich auf der linken Seite am mittleren Durchgang des Tempels. Danach wanderten die Sonnenstrahlen vom linken Altar am mittleren Durchgang über den Hauptaltar zum rechten Altar neben dem mittleren Durchgang. Der ganze Vorgang dauerte etwa von 7.00 Uhr bis 9.00 Uhr morgens.

Im südlichen Tempelteil von Mnajdra bestätigte sich, dass die Ausrichtung der Hauptachse zum Sonnenaufgang zur Tages- und

Abb. 11: Blick auf den linken Seitenaltar bei Sonnenaufgang am 16.12.1999 um 7:08 Uhr. Auf dem linken senkrechten Stein befindet sich eine Hohlrelief-Abbildung (siehe Vergrößerung rechts unten)

Nachtgleiche vorgenommen worden ist. Die zwei Grad Abweichung von Ost nach Süd ist dem höheren Horizont geschuldet, der in der Blickrichtung liegt. Die kurze Erscheinung der ersten Sonnenstrahlen beim Aufgang der Sonne zur Wintersonnenwende auf den rechten Altarstein, bestätigte sich ebenfalls. Die Beleuchtung des linken Altarsteins zum Sonnensaufgang zur Sommersonnenwende wird in der Literatur bestätigt. Aus diesem Grund ist die von Paul Micallef gefundene Bezeichnung „Kalender aus Stein" auch nicht ganz abwegig.

Die Abweichung der Haupttempelachse bei dem Tempel Mnajdra I um 2° scheint noch auf etwas anderes hinzuweisen. Ohne einen Kalender, das heißt eine Art Zählung der Tage oder den Abgleich mit Stellen wo der Horizont 0° und der Azimut 90° (Osten) war, hätte die genaue Aufgangsrichtung für diesen bestimmten Tag nicht gefunden werden können.

Das Durchwandern der Sonnenstrahlen konnte am 17.12.1999 auch in dem Tempelteil von Hagar Qim, dessen Hauptachse nach Südosten zeigt, beobachtet und dokumentiert werden. Hier trafen die ersten Strahlen den Altar mit dem bemerkenswerten Schmuckstein, auf dem Spiralen eingeschlagen sind. In unmittelbarer Nähe wurde auch der kleine Altarstein mit den ährenartigen Verzierungen bei den Ausgrabungen gefunden. Dass der Tempel nach hinten offen ist, kann mit dem Einfangen der untergehenden Sonne zur Sommersonnenwende zu tun haben (Abb. 12).

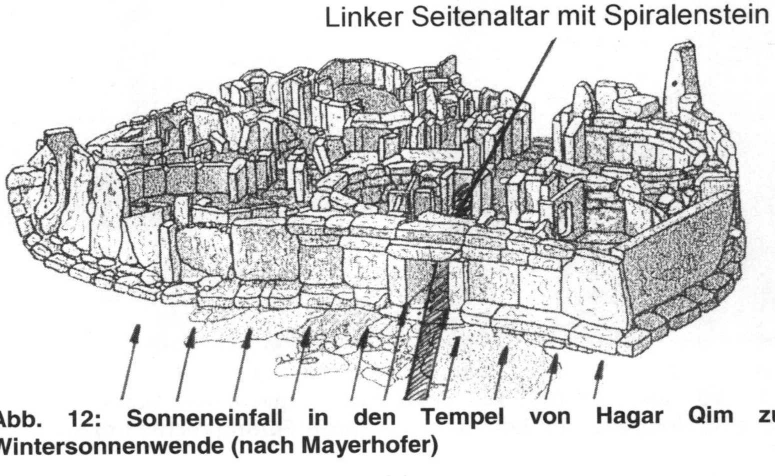

Linker Seitenaltar mit Spiralenstein

Abb. 12: Sonneneinfall in den Tempel von Hagar Qim zur Wintersonnenwende (nach Mayerhofer)

Ähnliches wie bei dem nördlichen Tempel von Mnajdra muss man sich auch für den Ablauf in den Doppeltempeln von Ggantija vorstellen, was leider wegen der Wetterverhältnisse am 20. und 21.12.1999 nicht vollständig fotografisch festgehalten werden konnte. Dies wurde in einem maßstabsgerechten Modell simuliert.

Wenn die Sonne am Horizont erscheint, entsteht zunächst ein schmaler vertikaler Sonnenstreifen, der auf den linken Stein am mittleren Durchlass als breites Band sich abbildet. Dieses wandert im weiteren Ablauf durch den mittleren Durchlass, um dann entlang der Tempelachse in die hintere Apsis zu fallen. Hier

Abb. 13: Lichteinfall entlang der Hauptachse in der Tempelanlage Ggantija I (Foto vom maßstäblichen Modell)

liegt der Hauptaltar (Abb. 13). Danach wandert der Sonnenstrahl der aufsteigenden aber noch tief stehenden Sonne aus der Hauptapsis auf die wieder besonders gestaltete rechte Seite am mittleren Durchlass. Hier verschwindet der Sonnenstrahl mit einem schmalen Lichtband. Die Ausrichtung der Hauptachse ist entsprechend gestaltet. Dreimal trifft der Sonnenstrahl jeweils auf besonders hervorgehobene Stellen, zum Teil mit Altären markiert, an denen zum Beispiel Kultbildnisse gestanden haben könnten.

Ebenso kann nach Beobachtungen und Messungen bei dem kleinen Tempel Borg in Nadur von ähnlichen Verhältnissen ausgegangen werden. Auch wenn es geringe Abweichungen in den Azimuten zu anderen Tempeln gab, trifft die Sonne morgens zur Wintersonnenwende in den Tempel.

Die Messungen in der Hauptachse des Tempels von Ta Hagrat bestätigten die gleiche Ausrichtung nach Südost. Der kleine benachbarte Tempelraum war mit seinem Eingang nach Süden ausgerichtet.

In Kordin ergaben sich dagegen nur annähernd gleiche Ergebnisse. Möglicherweise spielte der erhöhte Horizont eine entscheidende Rolle für die anderen Azimute der Haupttempelausrichtung oder man hat erst zu einem späteren Zeitpunkt am Morgen die Wintersonne eingefangen.

Der große Tempelkomplex von Tarxien, der auch ein geringeres Alter als die anderen Tempel zu haben scheint, muss als anders gelagerter Fall angesehen werden. Dort ist nach meinen Messungen der Sonnenuntergang zur Wintersonnenwende berücksichtigt worden. Die Achsen der verschiedenen Tempelteile zeigen bevorzugte Richtungen auf, die auf ein Durchwandern von Sonnenstrahlen zur Nachmittagszeit bis zum Sonnenuntergang verweisen. Aber auch hier werden die Seiten- und Hauptaltäre durch die Strahlen der untergehenden Sonne beleuchtet. Hierzu müssen die weiter unten beschriebenen Oberlichter berücksichtigt werden. Der auffälligste Altar in Tarxien, in dem sogar noch Opferwerkzeug gefunden worden ist, befindet sich in Richtung untergehender Sonne (Abb. 14).

Abb. 14: Tarxien, rechter Seitenaltar mit der Azimutausrichtung von 225°

4.4. Messwerte

Die Azimutwerte für die Ausrichtung der Tempel sind vor Ort überprüft worden, weil die angegebenen Nordpfeile in den veröffentlichten Grundrissen häufig nicht mit den tatsächlichen Nordrichtungen übereinstimmten. Es sind anhand von Tabellen[19] zwar die wahrscheinliche Aufgangsrichtung der Sonne festgestellt worden, aber bei fehlerhaften Nordpfeilen konnten diese nicht in die Grundrisse eingezeichnet werden. Die unterschiedlichen Höhen der Horizonte, die vor den Tempeln liegen, rufen außerdem verschiedene

Aufgangsazimute der Sonne hervor. Sie stehen in der Literatur nicht zur Verfügung.

Nach der Abgleichung der eigenen neuen Messungen mit denen von Agius und Ventura[20] und den Werten der topografischen Karten konnten nicht nur die Nordpfeile in den Grundrissen korrigiert, sondern auch die Hauptachsen genauer aufgezeichnet werden (Abb. 15).

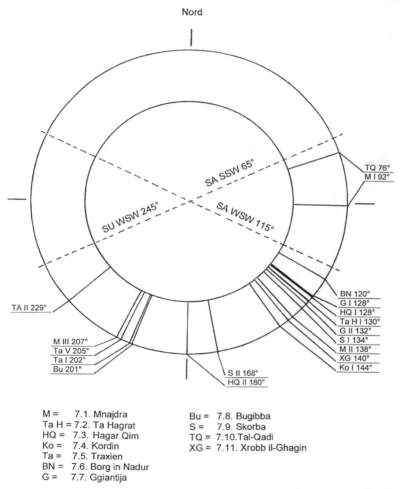

M = 7.1. Mnajdra
Ta H = 7.2. Ta Hagrat
HQ = 7.3. Hagar Qim
Ko = 7.4. Kordin
Ta = 7.5. Traxien
BN = 7.6. Borg in Nadur
G = 7.7. Ggiantija

Bu = 7.8. Bugibba
S = 7.9. Skorba
TQ = 7.10. Tal-Qadi
XG = 7.11. Xrobb il-Ghagin

Abb. 15: Kreisdiagramm für die Azimute aller Hauptachsen. Auffällig ist die Streuung um Südost und Südwest.

Die Häufung der Azimutwerte für die Haupttempelachsen um Südost und teilweise Südwest, wie sie von Agius und Ventura herausgefunden wurde, kann bestätigt werden.[21] Für die Hauptachsen ist aber eine punktgenaue Ausrichtung nicht feststellbar. Interessant für eine Aussage über die gezielte Ausrichtung der Tempel ist deshalb die Untersuchung der Achsen, die durch die linken Seitenaltäre und die Mitte der Haupteingänge gebildet werden. Für diese Achsen haben wir dann einen engen Bereich der Ausrichtung der Tempel von 115° bis 117° (Abb. 16).

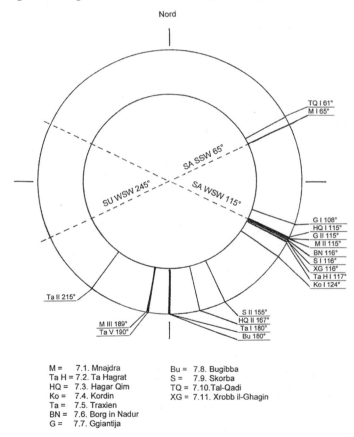

M = 7.1. Mnajdra
Ta H = 7.2. Ta Hagrat
HQ = 7.3. Hagar Qim
Ko = 7.4. Kordin
Ta = 7.5. Traxien
BN = 7.6. Borg in Nadur
G = 7.7. Ggiantija

Bu = 7.8. Bugibba
S = 7.9. Skorba
TQ = 7.10. Tal-Qadi
XG = 7.11. Xrobb il-Ghagin

Abb. 16: Kreisdiagramm für die Azimute aller linken Seitenaltäre mit auffälliger Konzentration zum Azimut 116°

Man kann also von einer bewussten Ausrichtung auf den Sonnen-aufgang zur Wintersonnenwende bei den Tempeln sprechen, die nach Südosten gerichtet sind. Die Abweichungen in den Ausrichtungen der Hauptachsen zwischen den einzelnen Tempeln rühren aus den unterschiedlichen Horizonthöhen und aus den unterschiedlichen Tiefen, Breiten und Höhen der Tempel.

Der Aufgangsazimut der Sonne am 16.12. 99 lag in Mnajdra bei 116° bei einer Horizonthöhe von 0°, (alle Azimutwerte sind von Nord im Uhrzeigersinn gerechnet). Die Sonne ging um 7:05 Uhr auf. Dabei wurde das erste Aufblitzen der Sonne berücksichtigt. Die Messung erfolgte mit dem Kompass (Messgenauigkeit von 1-2°). In Hagar Qim wurde der gleiche Aufgangsazimut wie bei Mnajdra festgestellt. In Ggantija konnte der Aufgangsazimut erst am 23.12. mit der Kamera festgehalten werden. Nach Abgleichen mit der topografischen Karte war ein Aufgangsazimut von 117° in Ggantija festzustellen, also annähernd noch der gleiche Wert. Die Differenzen bei den Azimuten sind auf die unterschiedlichen Horizonthöhen in Ggantija mit 1-2°, in Mnajdra mit 0° und in Hagar Qim mit 1-2° begründet, das heißt die Sonne geht um einen Wert von 116° auf. Die Zeitdifferenz von 7 Tagen zwischen den Messungen in Mnajdra und Ggantija gibt nicht den Ausschlag, da die Sonne um den 21.12. mehrere Tage hintereinander praktisch an der selben Stelle aufgeht.

Es stellt sich die berechtigte Frage, welchen Wert das Azimut zur Zeit der Erbauung der Tempel hatte. Durch die Änderung der Schiefe der Ekliptik kommt tatsächlich eine Abweichung für Malta innerhalb von 4000 Jahren von ca. +1° zustande.[22] Die Sonne ist demnach etwas weiter südlich aufgegangen. Dieses eine Grad spielt aber nicht die große Rolle, da nicht von einer punktgenauen Ausrichtung der Achse auszugehen ist. Unzulänglich dürften demnach auch Versuche sein, mit Hilfe dieser Änderung das genaue Alter der Tempel bestimmen zu wollen, wie das zum Beispiel von Paul Micallef gemacht wurde.

Die auffälligen Ausnahmen bei diesen südöstlichen Ausrichtungen finden sich bei den Tempeln von Tarxien. Sie sind mit ihren Hauptachsen nach Südwesten orientiert. Dies ist die Richtung zum Sonnenuntergang zur Wintersonnenwende. Hier sind spiegelbildlich die rechten Seiten der mittleren Durchgänge zu beachten, denn hier finden sich zwei Azimutwerte von 217° und

225° durch die Eingänge gemessen, was die Zeit vor dem Sonnenuntergang markiert. Der Sonnenuntergang liegt auf dem Azimut 245°, der bei einem Tempel zu finden ist (Abb. 17). Leider konnte der Sonnenuntergang noch nicht vor Ort fotografisch festgehalten werden. Bebauung erschwert die Beobachtung. Möglicherweise lag auch früher der Horizont schon über 0°, so dass die Sonne eher am Horizont verschwand

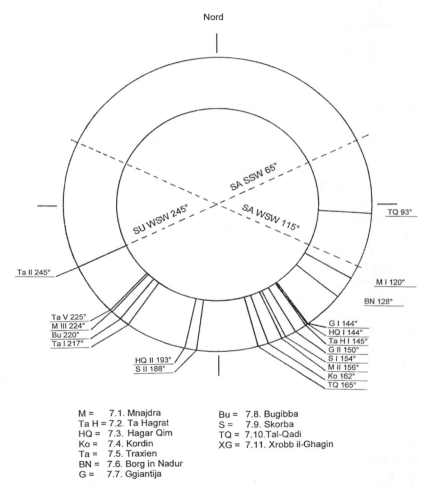

M = 7.1. Mnajdra
Ta H = 7.2. Ta Hagrat
HQ = 7.3. Hagar Qim
Ko = 7.4. Kordin
Ta = 7.5. Traxien
BN = 7.6. Borg in Nadur
G = 7.7. Ggiantija

Bu = 7.8. Bugibba
S = 7.9. Skorba
TQ = 7.10.Tal-Qadi
XG = 7.11. Xrobb il-Ghagin

Abb. 17: Kreisdiagramm für die Azimute aller rechten Seitenaltäre

Die wenigen Azimutwerte für einige Tempelachsen, die von den Hauptrichtungen Südost und Südwest abweichen, beziehen sich auf Sonnenauf- oder -untergänge zu anderen markanten Tagen im Jahr. Es sind dies die Tages- und Nachtgleichen, die eine Ostwestrichtung oder die Sommersonnenwende, die eine Nordostrichtung erfordern. Sie sind zu finden bei den kleineren Nebentempeln, Skorba II, Hagar Qim II oder Tal-Qadi und Mnajdra I. In die Kreisdiagramme wurden die verschiedenen Ausrichtungen der einzelnen Räume und Eingänge in Hagar Qim nicht aufgenommen, auch wenn hier markante Ausrichtungen vorliegen, weil sie in ihrer Bedeutung nicht mit den Hauptachsen der einzelnen Tempel konkurrieren können.

4.5. Oberlichter

Der Umstand, dass die Sonne am Horizont emporsteigt und damit auch eine Änderung des Azimuts einhergeht, wurde von Fondera, Hoskin und Ventura als Begründung dafür herangezogen, dass es keine Ausrichtung auf die Sonnen- oder Mondauf- oder -untergänge gegeben hat. Die Sonnenaufgänge zur Wintersonnenwende liegen tatsächlich nicht in den Hauptachsen der Tempel.

Wenn man aber die Dynamik des Sonnenaufgangs beachtet, kommt man auf die mögliche Existenz von hohen Eingangstoren, durch die die Sonne auch nach einer Weile ihres Aufgangs noch in den Tempel hineinfallen kann. Zu diesem Fall passen die Beobachtungen, dass die Sonne mit einer bestimmten Höhe entlang der Hauptachse ins Tempelinnere bis in den hinteren Bereich den Kopfapsiden fällt. Die Ausrichtungen der Tempel berücksichtigen damit den Lauf der Sonne am Himmel nach ihrem Erscheinen oder vor ihrem Untergehen. D. h. es findet eine Lichtinszenierung für die ersten Morgenstunden oder die Abendstunden des Tages statt. Es handelt sich also nicht nur um eine genaue Fixierung der Aufgangsazimute.

Durch die Beachtung der noch verbliebenen teilweise hohen senkrechten Steine in den Ein- und Durchgangsbereichen einiger Tempel kann noch eine andere Vermutung angestellt werden. Sehr wahrscheinlich fiel die Sonne durch separate Oberlichter über den Eingängen. Der Eingangsbereich in Ggantija wird zum Beispiel von gleich hohen Monolithen eingerahmt, die auf einer historischen

Abb. 18: Ggantija auf einer Zeichnung von C. F. von Brockdorff (1775 bis 1850), National Library Malta

Abbildung von Brockdorff, v. C.F. (1775 - 1850) dargestellt worden sind[23] (Abb. 18). Sie sind sorgsam geformt und leicht schräg nach innen gesetzt, wie eine Fensterlaibung, damit mehr Licht einfällt.

Die Sonnenstrahlen sind nicht allein oder vielleicht gar nicht durch den einzigen Eingang an der Frontseite gefallen, sondern eben durch eine Art Oberlicht. Dies kann aus den zusätzlichen zwei Steinen geschlossen werden, die im Eingangsbereich stehen. Mit einem dritten waagerecht liegenden Stein haben sie wahrscheinlich den Eingang (Trilith) gebildet. Darüber lag das Oberlicht (Abb. 19). Für die Tempel in Ggantija heißt das, dass die Sonne zur Zeit der Wintersonnenwende in die Hauptachse mit einer Höhe von ca. 9° - 13° durch ein Oberlicht voll auf den Hauptaltar in der Hauptapsis geschienen hätte.

Oberlichter über Eingängen finden sich nicht nur in maltesischen Tempeln, sondern auch in New Grange (Abb. 20), anderen irischen Kultbauten und auch in ähnlicher Form bei den Eingangsbereichen mykenischer Grabhügel (Abb. 21). Bei diesen spielte ebenfalls der Lichteinfall eine entscheidende Rolle. Es handelt sich hier um ein Bauelement, welches häufig in der Baugeschichte zu finden ist.

Dass das Oberlicht über der Tür auch in den christlichen Sakralbauten wieder auftaucht, spricht für die These einer langen und

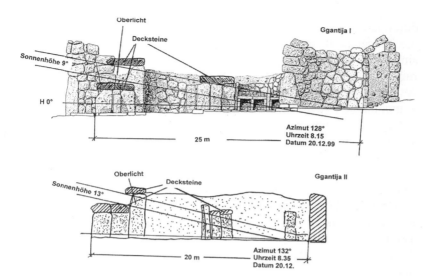

Abb. 19: Lichteinfall durch mögliche Oberlichter in den Tempeln von Ggantija I und II. Schnitte entlang der Hauptachsen, Blickrichtung nach Südwest (Schnitt Ggantija I nach Müller-Karpe)

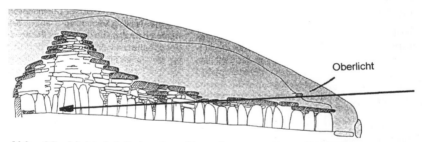

Abb. 20: Lichteinfall in den Tumulus von New Grange durch ein separates Oberlicht

Abb. 21: Grabanlage von Atreus bei Mykene aus dem 14. Jahrhundert v. Chr. mit Oberlicht über dem Eingang

33

durchgängigen Tradition. In der christlichen Kirche fällt nicht nur das Morgenlicht durch ein Fenster über dem Altar, auch im Westen sind über dem Eingang besonders ausgebildete Fenster, oftmals runde Okuli zu finden, die das Sonnenlicht am Abend hereinlassen. Auch in Maltas Kirchen waren diese Fenster zu sehen. In den kleinen Kuppelbauten in Malta, den Girnas, waren ebenfalls über der Tür Oberlichter eingebaut, die den überkuppelten Raum bei geschlossener Tür mit Licht versahen und die Entlüftung bzw. den Rauchabzug sicherstellten (Abb. 9).

Diese Anlage wäre auch in einer Reihe anderer Tempel möglich. Leider sind nicht überall die ursprünglichen Aufbauten erhalten, die dies belegen könnten. Mnajdra I (Abb. 22) und II bildet mit Ggantija eine der wenigen Ausnahmen. Mit einem Oberlicht im nördlichen Tempel oberhalb des mittleren Durchgangs, wäre die hintere hohe Altarplatte beleuchtet. Im südlichen Tempel bietet sich eine Lösung über dem Eingang an, die das Licht in den Tempel lässt.

Nach den Untersuchungen sind in Tarxien zwei Tempelteile so ausgerichtet, dass sie die letzten Stunden des Tages, die untergehende Sonne zur Wintersonnenwende begleiten. Wenn die Sonne am Horizont verschwindet, erlischt auch das Licht im Tempel und zwar auf dem rechten Altar neben dem jeweiligen mittleren Durchgang. Man wird sich hier einen differenzierten Oberlichteinbau vor-

Abb. 22: Frontalansicht des Tempels Mnajdra I. Oberhalb des Einganges ist ein Oberlicht möglich. Die gestrichelten Linien geben die mögliche Kuppelhöhe an.

34

stellen müssen, damit nicht nur die Azimute passen, sondern auch die Sonnenhöhen Berücksichtigung finden. Die damalige Horizonthöhe für den möglicherweise früher freiliegenden Tempel kann heute natürlich schlecht festgestellt werden. Bei der Überdachung der Tempel kann es hier nicht nur über den Hauteingängen Oberlichter gegeben haben, sondern auch über den Durchgängen in die einzelnen Tempelräume.

Es lässt sich weiterhin vermuten, dass die durch die Oberlichter einfallenden Sonnenstrahlen im Laufe des Jahres über die Steinplatten auf dem Boden oder an den Seiten wanderten, wodurch die Änderungen ablesbar gewesen wären. Damit hätte man auch eine Voraussage treffen können, wann zum Beispiel das besondere Ereignis der Sonnenwende eintritt.[24] Auf dem Gangboden reicht die Sonne zur Zeit der Wintersonnenwende immer weiter in den Tempel hinein, wenn sie entlang der Hauptachse scheint. Dies wäre bei einem Oberlicht besser zu gewährleisten, als nur durch die Eingangspforte. Während der kultischen Handlungen kann man sich das Eingangstor auch geschlossen vorstellen, um die Lichteffekte zu verstärken.

4.6. Horizontmerkmale

Es sollen hier noch die Horizontmerkmale, die sich in der Blickrichtung der Tempelachsen befinden, untersucht werden. Wie schon erwähnt, ist der Sonnenaufgangsazimut von der Horizonthöhe abhängig. Für die Differenz bei den Tempeln von Ggantija und Mnajdra spielte das für den Sonnenaufgangazimut eine kleine Rolle. So hätte man bei einer Höhe von 0° den Sonnenaufgang für Ggantija hinter der Kirchenkuppel von Nadur erwarten können. Sie liegt zum nördlichen Tempel in einem Azimut von 115°. Die Kirche von Nadur liegt aber auf einem der höchsten Plätze von Gozo und hebt sich über die Höhe von Ggantija heraus. Dies bedeutet zur Zeit der Wintersonnenwende in Malta bei 2° Höhe eine Azimutänderung von circa 2°. Auf dem Foto mit dem Sonnenaufgang am 23.12 ist festzustellen, dass die Sonne zwischen zwei Hügeln auf der Hocheben von Nadur mit einem Azimut von 117° aufgegangen ist. Diese kleine Senke taugt als Geländemerkmal. Es handelt sich hier um ein Sonnentor, durch das die Sonne aus der Erde tritt. In der ägyptischen Hieroglyphen Achet ⌒⌒ gilt die Senke als Symbol für die Stelle am Himmel, wo die Sonne aus der Unterwelt in die Oberwelt steigt. Auch in anderen Kulturen finden sich Beispiele dafür.

Wenn von dem Namen des Ortes, an dem die Sonne aufgegangen ist, Rückschlüsse gezogen werden dürfen, so gäbe es auch da einen Bezug. Nadur ist arabischen Ursprungs und heißt soviel wie Wächter. Das alte Wappen für Nadur ist eine aufgehende Sonne. Nadur findet man als Namen für Anhöhen in Malta häufig. Borg in Nadur heißt Steinhaufen zur Beobachtung. Der kleine Annextempel bei Tal Hagrat ist ausgerichtet auf eine Anhöhe mit Namen Nadur. Auch wenn man davon ausgehen muss, dass der arabische Name jüngeren Ursprungs ist als die Tempel, so ist doch ein traditioneller Bedeutungshorizont nicht auszuschließen.

Weitere typische Horizontmerkmale in Blickrichtung der aufgehenden Sonnen sind nicht einfach zu finden. Auffällig sind die Sonnenaufgänge bei den Tempeln, die in der Nähe vom Meer stehen. Dort scheint die Sonne an der Schnittstelle von Land und Meer aufzutauchen, zum Beispiel in Mnajdra, Hagar Qim und Borg in Nadur. Eine Gesetzmäßigkeit ist bisher nicht aufgedeckt worden.

5. Religiöse Bezüge

Es besteht ein unverkennbarer Zusammenhang zwischen der alten maltesischen Baukunst und den religiösen Auffassungen der Erbauer. Dazu kann aus der Schrift von Paul Stefan von 1956 zitiert werden, der die Ortung in der Geschichte der Architektur untersuchte.

„An den Beispielen aus den alten Hochkulturen sahen wir, dass Ortung bereits blühte, als das Licht der Geschichte über jenen Ländern aufstieg. Ja, die Ortungsbräuche waren umso ausgeprägter, je weiter wir zurückgingen. Da ist es uns eine Selbstverständlichkeit, dass auch in schriftlosen, vorgeschichtlichen Zeiten der Ortungsbrauch geübt wurde. ... Der Brauch ist meist religiös bedingt, als Orientierung (Ostung) bei Gebet und Opfer, bei Grablegung und Tempelbau, so dass er also bezweckt, ein äußeres Verhältnis, eine Verbindungslinie, herzustellen zwischen verehrter Gottheit und der irdischen Stätte ihrer Verehrung. Er kann aber auch den praktischen Zwecken der Zeitrechnung dienen durch die Festlegung von Tageszeiten und Jahrespunkten nach dem Stand der Sonne und der Sterne. Vielfach sind aber auch dann kultische und weltliche Beweggründe miteinander verquickt." [25]

Abb. 23: Hagar Qim, Steinfiguren, ca. 20 x 25 cm (nach Müller-Karpe)

In einigen Tempeln fanden sich nun Figuren, wie z. B. in Hagar Qim und Traxien, die weibliche Idole darstellen.

So werden sie zumindest von den meisten Forschern interpretiert. Nicht ihre sekundären Geschlechtsmerkmale zeichnen sie als weibliche Figuren aus, sondern ihre unverkennbare leibliche Fülle an Hüften und Bauch, die eher an weibliche Formen erinnern, denn an männliche Physiognomie. Sie werden in der Literatur als Hinweis auf die verehrten weiblichen Gottheiten in den Tempeln angesehen (Abb. 23). Es hieße aber nach dem jetzigen Kenntnisstand, die Sache einseitig zu sehen, wenn man diese Funde als Beleg für eine allein auf Göttinnen bezogene Religion sehen wollte. Die Bedeutung der Ausrichtung der Tempel auf die Sonne begründet zumindest ein Zusammenspiel von Kräften des Himmels mit denen der Erde.

Zunächst kann die symbolhafte Darstellung von Frauen in den Tempeln als Verehrung der Magna Mater angesehen werden, die in den meisten Religionen in irgendeiner Form zu finden ist. Die Göttin ist die Gebärende und damit die Kraft der Erneuerung und Fruchtbarkeit. Für die menschliche Existenz ist die eigene Reproduktion eine Grundvoraussetzung des Lebens. Auch in der den Menschen umgebenden Natur laufen dieselben Prozesse der Erneuerung ab. Die Gesetze des Werdens und Vergehens werden von ihm als elementar angesehen. Die Frau wird gleichgesetzt mit der fruchtbaren Erde. Deshalb ist es auch nicht verwunderlich, in den maltesischen Tempeln, die durch eine bäuerliche Gesellschaft geschaffen wurden, eine besondere Verehrung dieser göttlichen Kraft zu finden.

Mit der Ausrichtung der Tempel auf die Sonne kommt aber ein anderes wesentliches Element dazu, dem die meisten Religionen ebenfalls Rechnung tragen. Die Sonne als mächtige Himmelskraft symbolisiert die Ordnung schaffende Macht, die durch ihr regelmäßiges Erscheinen die Garantie für den Fortlauf des Lebens ist. Sie ist zwar nicht so unmittelbar mit den Menschen verbunden wie die Magna Mater, aber unverzichtbar als Bringerin des Lichts und des Lebens. Sie ist der männliche Part, die Kraft, die im Himmel wohnt. Auch diese göttliche Macht fand ihre Verehrung in den maltesischen Tempeln. Die notwendige Verbindung von der Licht und Wärme bringenden Sonne mit der Boden und Wasser spendenden Erde für die Fruchtbarkeit, war den vorgeschichtlichen Bauern bewusst.

Während, wie schon erwähnt, die weiblichen Idole Symbole oder Göttinnen der Fruchtbarkeit darstellen, so ist der Zusammenhang mit einem Himmelsgott, der diese Erdgöttinnen immer wieder aufsucht, naheliegend. Sie vereinigen sich in der Heiligen Ehe (Hieros-Gamos), die der Ehe zwischen Mann und Frau entspricht. In manchen Religionen wird diese Heilige Ehe auf kultischer Ebene von zum Beispiel Priester und Priesterinnen nachvollzogen. Dass keine männlichen Figuren in den Tempeln gefunden wurden, widerspricht dieser These nicht: Die Abbildung des höchsten Gottes hat nicht in allen Religionen Tradition. Häufig genügt schon ein Phallussymbol, um den Zusammenhang herzustellen (Abb. 24).

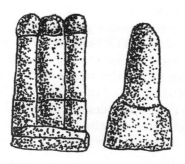

Abb. 24: Tarxien, Phallussymbole (links: 12,3x6,5 cm, rechts 7,8 cm hoch)

Durch den rituellen Vollzug der Hochzeit gilt die Ehe in den meisten Religionen als sakrale Gemeinschaft. Zum Beispiel kommt das deutsche Wort „Ehe" vom althochdeutschen ewa „ewiges Recht". Sie symbolisiert die Harmonie, das Zusammenwirken und die Vereinigung der Gegensätze und die Beziehung der Gottheit mit der Welt. Der rituelle Vollzug der göttlichen Ehe garantiert die Festigung der kosmischen und damit auch der weltlichen Ordnung, das heißt die des gesellschaftlichen Zusammenhalts.[26]

In Zusammenhang mit der Ausrichtung der Tempel auf Sonneneinfälle zu bestimmten Jahreszeiten muss man vermuten, dass in den baulichen Anlagen das besondere Zusammenspiel von Kräften des Himmels und der Erde für heilige Zeiten bestimmt wurde. In religiösen Riten spiegelt sich häufig die Angst der Menschen vor dem möglichen Verlust geregelter Abläufe wider. Durch unvorhergesehene Ereignisse ist die Fortexistenz des Lebens immer bedroht. Bleiben Sonne und Regen zum richtigen Zeitpunkt aus, ist die Ernte gefährdet. Man brachte den Göttern Opfer, um sie geneigt zu stimmen. Zu bestimmten Zeiten brauchte es dazu mehr Einsatz als gewöhnlich. Die Zeiten der Sonnenwenden, spielten dabei eine besondere Rolle. Die Jahres- und Fruchtbarkeitsfeste sind uralt und feiern die Umkehr der Sonne bzw. die Wiedergeburt des Jahres.

In der altbrahmanischen Literatur sind die Sonnenwendfeste ausführlich besprochen, in Ägypten wurde der Sonnengott Horus zur

Wintersonnenwende wiedergeboren und im Mithraskult, bei dem die Mächte des Lichtes über die Finsternis triumphieren, wurden die Sonnenwenden gefeiert. Noch heute wird bei den Iranern das Jaldafest am 21.12. begangen. Das Weihnachtsfest etablierte sich im Horizont verschiedener Zeremonien zur Wintersonnenwende in der Nachfolge des traditionellen Geburts- und Wiedergeburtsfestes der Römer, den Saturnalien. Auch das alte Julfest der Germanen, das Fest der Wintersonnenwende, wird im christlichen Weihnachten fortgeführt. In Malta konnten diese archaischen Vegetationsfeste in den megalithischen Tempeln gefeiert werden. Das Symbol der Spirale, dass häufig in den Tempeln gefunden wurde, verweist auf den ewig wiederkehrenden Kreislauf in der Natur mit Umkehr und Neubeginn und einer religiösen Verwandtschaft der Kulturen in der Vorgeschichte (Abb. 25).

Dass der Kreis auch bei der Konstruktion der Tempelanlagen in Malta eine Rolle spielt, muss auf alte Riten zurückzuführen sein. Der Kreis ist das Symbol für Sonne, Universalität, Göttlichkeit und ewige Wiederkehr. Erde und Himmel erkannte man als rund. Man weiß von Bräuchen in Britannien, die bis in unsere Zeit reichen, Kreisanlagen auch für kurzzeitigen Gebrauch anzulegen, um religiöse Feste zu feiern. Deshalb muss man von einer traditionell bedingten Vorstellung ausgehen, die schon in der Jungsteinzeit Kreisanlagen entstehen ließen. Damit lässt sich die maltesische megalithische Kultur in die Vorläufer der antiken Religionen einreihen.

Abb. 25: Altarstein im Tempel von Tarxien

Dass es auch weitergehende inhaltliche Übereinstimmungen in der Glaubenswelt der Vorantike gegeben haben muss, beweist sich meiner Meinung nach an einem Fund aus der Kreisanlage Xaghra auf Gozo, die als Nekropole benutzt wurde. Man fand dort eine Darstellung von zwei Frauen die nebeneinander auf einem Podest sitzen. Ihre Stilelemente verweisen auf

Kulturen im östlichen Mittelmeer, Kleidung und Dekor erinnern an kretische und mykenische Frauendarstellungen. Es ist anzunehmen, dass sie Göttinnen darstellen, die in der Mode der damaligen Zeit gekleidet waren. Eine von ihnen hat eine kleine Figur auf dem Schoß sitzen (Abb. 26). Diese Abbildung von ca. 14 cm Größe erinnert an die Darstellungen der griechischen Göttin Demeter, die oft mit ihrer

Abb. 26: Ein Paar sitzender Frauen mit Kind auf dem Schoß (Gozo, Xaghra, Doppelfigur aus Stein, 9 x 14 x 10 cm)

Tochter Persephone gemeinsam abgebildet wurde.[27] Demeter wurde in der griechischen Mythologie als Mutter Erde dargestellt, die Göttin der Fruchtbarkeit, die Beschützerin des Getreides und der Früchte des Bodens. Die andere Seite dieser Magna Mater war die Göttin der Unterwelt, des Todes und der Wiedergeburt. Es war dieser zweite Aspekt, den in Griechenland die Tochter der Demeter, Persephone repräsentierte. Beide Figuren spielen in den eleusinischen Mysterienspielen - dem wichtigsten Initiationskult Griechenlands - eine bedeutsame Rolle. Hier geht es um den Kampf der Unterwelt mit der Oberwelt, in dem der Sonnengott Helios zur Hilfe eilt.

Vielleicht ist es nicht zu weit hergeholt, ähnliche Vorstellungen bei den Ureinwohnern Maltas zu vermuten. Ein geeigneter Ort für die Initiierung solcher Mysterienspiele waren die Tempel allemal. Es erklärt sich damit vielleicht auch die eigenartige Doppelstruktur einiger Tempel, die miteinander verknüpft die verschiedenen Aspekte und Erscheinungen der Erdmutter repräsentieren können.

Zum Schluss soll noch einmal die Besonderheit der auffällig wiederkehrenden Grundstruktur der Tempel betrachtet werden. Die typische Binnenstruktur der Tempel erinnert sehr an die üppigen Formen der „Fat Ladies" (Abb. 27).[28] Ihre eigenartige Sitzweise, bei der die Schenkel und Oberarme betont sind und mit einem verhältnismäßig kleinen Kopf, lassen sich teilweise passgenau auf die Grundrisse der Tempel legen, die damit die Form einer menschlichen Gestalt zeigen.

Die Tempel sind den weiblichen Idolen nachgebildet, die in den Tempeln gefunden wurden. In ihrer inneren Struktur bilden die Tempel mit den seitlichen Apsiden und der zentralen Apsis das Ebenbild der Erdgöttin (Abb. 27 und 28). Die einzige Öffnung zeigt in Richtung der auf- bzw. untergehenden Sonne, die Vulva ist dem Himmelsgott zugewandt. Resultat der Verbindung von Himmel und Erde ist das Gotteskind. Ähnlichkeiten mit christlichen Glaubensvorstellungen

Abb. 27: Modell einer Steinfigur in Ton nachgebildet

vom Gottessohn sind nicht ganz abwegig. Die Umfassungsmauern und die Mittelpunkte der Apsiden ergeben in ihrer idealen Form Fünfecke, die in einen Kreis eingepasst sind.

Abb. 28: Tonmodell eines maltesischen Tempels – Ähnlichkeiten mit der Form einer liegenden Frauenfigur sind nicht zufällig.

Sie verweisen auf den Symbolgehalt des menschlichen Umrisses mit seinen fünf Extremitäten: Arme, Beine und Kopf. Hierzu passen Kleinfunde von Figuren, die von einer Kreisform ausgehen. Ihr Mittelpunkt ist der Bauchnabel, der seinen besonderen symbolischen Gehalt hat. In diesem Zusammenhang enträtseln sich kleine Statuetten, die menschliche Gestalt mit Kreisdarstellungen verbinden.

6. Zusammenfassung

Die Ausrichtung der maltesischen Tempel auf bestimmte Himmelsrichtungen ist aufgrund der Untersuchungen eindeutig.

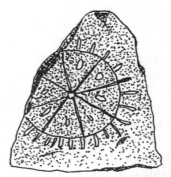

Der richtige Sonneneinfall hat bei den Tempelbauern eine große Rolle gespielt. In die dunklen Tempel wurde Licht gelenkt und dies besonders in der Zeit, in der die Sonne sich rar macht, wobei man hoffte, sie werde ihre größere Wanderung über den Himmel wieder beginnen. Die Grundlage bestand in dem Bedürfnis,

Abb. 29: Ein „Sonnenrad" dekoriert eine Scherbe, die in Hagar Qim gefunden wurde (2,5 x 3,0 cm)

eine Orientierung in der Zeit zu finden, den Wechsel der Jahreszeiten zu erfassen. Die Ausrichtung der Tempel hatte einen „himmlischen" Bezug und wurde zu Beginn des Baus wahrscheinlich mit langer Tradition und Beobachtung vorgenommen. Eine Scherbe von Hagar Qim zeigt uns eine perfekte Windrose, bei der neben den Himmelsrichtungen auch eine sinnvolle Unterteilung angeben wird (Abb. 29).

Die These von der Ausrichtung der maltesischen Tempel wird besonders belegt durch die Vergleiche der Azimute, die sich durch die Verbindung der linken Altäre an den mittleren Durchgängen und den Haupteingängen der Tempel ergeben. Man hat es mit einer signifikanten Richtung zur aufgehenden Sonne zur Zeit der Wintersonnenwende zu tun, deren Azimut in Malta bei ca. 116° liegt. Für diese Ausrichtung finden sich Belege bei neun Tempeln.

Dass die Hauptachsen der Tempel etwas differieren, hat mit dem Sonneneinfall in die verschiedenen Anlagen mit den unterschiedlichen Größen zu tun. Außerdem darf man nicht den kurzen Moment des Sonnenaufgangs als das Entscheidende ansehen, sondern den gesamten Ablauf des Aufstiegs der Sonne innerhalb eines gewissen Zeitraumes. Interessant ist also die Zeit vor dem Sonnenaufgang, wenn es langsam hell wird, das Aufblitzen der ersten Sonnenstrahlen und das Entstehen der vollen Leuchtkraft der Sonne am frühen Morgen, was beobachtet wurde. Diese fiel durch ein hohes Tor oder Oberlichter in die Tempel. Wenn man sich dazu Kulthand-

43

lungen vorstellt, so waren diese sicher nicht auf ein paar Minuten beschränkt, sondern zogen sich möglicherweise über einen Zeitraum von ein oder zwei Stunden hin.

Die andere Häufung der Ausrichtung bezog sich auf die Achse (linker Seitenaltar – Eingang) nach Südwest, die nicht so punktgenau ist. Sie sind insbesondere in den Tarxien –Tempeln zu finden, die nicht auf den Sonnenaufgang, sondern zum Sonnenuntergang zur Wintersonnenwende orientiert sind.

Weitere Abweichungen einiger weniger Tempelachsen von dieser Hauptrichtung weisen auf eine Auswahl von besonderen Himmelsrichtungen hin, wie zum Beispiel nach Süden oder nach Norden. Sie stellen aber die Ausnahmen dar. Der kleine frei liegende Nordtempel in Hagar Qim ist genau nach Süden geöffnet. Ihm gegenüber befindet sich ein kleiner Tempelteil der nach Norden gerichtet ist. Dieser spielt aber wegen seiner geringen Abmaße keine hervorragende Rolle.

Wiederum anders ist es bei dem südlichen Tempel von Mnajdra. Hier handelt es sich um die Ausrichtung zum Sonnenaufgang zur Tages- und Nachtgleiche. Die Winkelhalbierung zwischen den Azimuten der Sonnenwenden ergab die Ausrichtung nach Osten. Dies ist eine Orientierung, die in der Verbindung mit der Sonnenwendausrichtung der beiden seitlichen Altäre Sinn macht.

Anhand der Grundstrukturen der Tempel, die sich auf Kreisanlagen beziehen, kann gezeigt werden, dass die Tempelbauer in Malta in der Tradition der Megalithiker standen, die Kreisanlagen zur Bestimmung der Jahreszeiten bzw. für kultische Handlungen im Jahresverlauf genutzt hatten. Kreisanlagen dieser Art finden sich in ganz Europa.

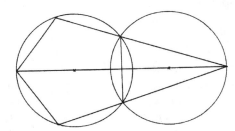

Abb. 30: geometrische Struktur eines maltesischen Tempels

Die Sonne spielte dabei eine zentrale Rolle. Der Tempel selbst ist Abbild der Erde, eine symbolische Verschmelzung der menschlichen Figur mit dem Erdkreis. Es sind die verzierten Steine und die weiblichen Figuren, die ihre religiösen Vorstellungen zusätzlich verbildlichen. Hof und Tempel repräsentierten das Gegensatzpaar von Himmel und Erde. Mit der Beziehung zwischen Mutter-Erde-Göttin auf der einen Seite und Vater-Himmel-Gott auf der anderen Seite, hätten wir in der maltesischen Urreligion ein in sich abgeschlossenes, archetypisches, duales Weltbild vorliegen, das sich in seiner Grundstruktur bis heute in den Religionen erhalten hat.

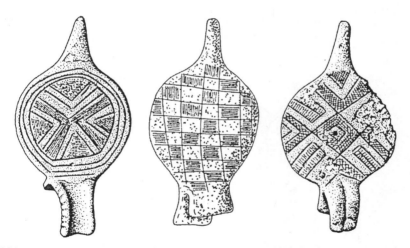

Abb. 31: Figürliche Darstellungen in Kreisform, gefunden in Tarxien (Höhe ca. 20 cm, nach Müller-Karpe)

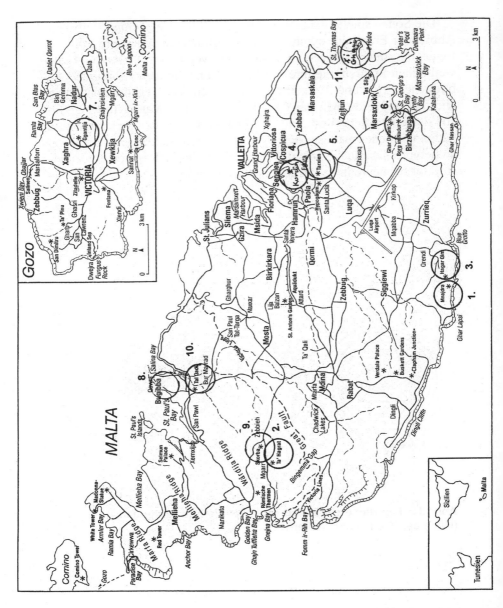

Abb. 32: Übersichtskarte von Malta mit den beschriebenen Tempelanlagen (DuMont Reise-Taschenbuch – Malta)

46

7. Beschreibung der einzelnen Tempel –
Abbildungen, Grundrisse, Karten und Fotos

Die für diese Arbeit wichtigsten Tempel sollen nacheinander kurz beschrieben, bewertet und ihre Ausrichtungen herausgestellt werden. Die Werte sind zum Teil neu gemessen und zum Teil durch Berechnungen ergänzt worden. Eine ausführliche Beschreibung erübrigt sich, da die Tempel in der Literatur schon häufig und genau beschrieben wurden. Die Abfolge in der Darstellung erfolgt in der Reihenfolge der Besuche. Ergänzt werden sie durch die Beschreibung von vier weiteren Tempeln.

1. Mnajdra	am 16.12. morgens und am 22.12. morgens
2. Tal Hagar	am 16.12. nachmittags
3. Hagar Qim	am 17.12.morgens
4. Kordin	am 18.12.mittags
5. Tarxien	am 18.12. nachmittags
6. Borg in Nadur	am 19.12. morgens
7. Ggantija	am 20.12 morgens und am 21. 12 morgens
8. Bugibba	
9. Skorba	
10. Tal Qadi	
11. Xrobb il-Ghagin	

Die Grundrisse, die mit Azimuten und auch geometrischen Linien versehen wurden, entstammen zum größten Teil der Veröffentlichung von Müller-Karpe. Fotos, Zeichnungen, Messungen, Azimuteinzeichnung und Berechnungen sind, wenn nicht anders vermerkt, vom Autor. Die Fotos entstanden Ostern bzw. Weihnachten 1999.

Die Messungen der Achsen der neolithischen Tempel von Malta vor Ort waren unter anderem nötig, um die unterschiedlichen Angaben zu den Ausrichtungen in den verschiedenen Veröffentlichungen zu überprüfen. Die Arbeit von George Agius und Frank Ventura (A-V) von 1980,[29] die die Tempelachsen zum größten Teil genau nachgemessen haben, steht zum Vergleich für die gemessenen Azimute.

Die Azimutmessungen erfolgten mit einem Kompass (Recta-Schweiz) mit einer Messgenauigkeit von 1-2°. Die Höhen wurden mit einem einfachen Quadranten (Astromedia-Verlag) mit einer

Messgenauigkeit 1-2° gemessen.. Die Azimutwerte werden angegeben von Nord 0° im Uhrzeigersinn. Die Werte der geografischen Breite, der geografischen Länge und Höhenmeter sind aus der amtlichen topographischen Karte Malta 1:25.000 übernommen.

In die Grundrisse sind die Nordpfeile aufgenommen worden, die aufgrund von Kompassmessungen zustande gekommen sind. Die Abweichungen von Karten-Nord (TK) auf Gozo und Malta betragen ca. 2°.

Die Kreisdiagramme, in die die Azimute der Tempelausrichtungen eingezeichnet wurden, geben für die Sonnenwenden die heutigen Azimutwerte bei einer Höhe 0° an. Hierbei sind idealisierte Werte angenommen worden wegen der Differenz zwischen magnetischen (mag.) Werten und Werten der topographischen (top.) Karte und der Ungenauigkeit, die in der Differenz zwischen dem ersten Aufblitzen und der vollen Sonnenscheibe liegen. Der Wert für den Sonnenaufgang zur Wintersonnenwende liegt heute um die 116°, während er vor 6.000 Jahren um zwei Grad höher bei 118° lag.[30]

In den Kreisdiagrammen sind eingezeichnet:

Sonnenaufgang zur Sommersonnenwende:	SA SSW 65°	(B)
Sonnenaufgang zur Wintersonnenwende:	SA WSW 115°	(M)
Sonnenuntergang zur Wintersonnenwende:	SU WSW 245°	(B)
Sonnenuntergang zur Sommersonnenwende:	SU SSW 295°	(B)

Die Messungen wurden zwischen dem 16.12. und 22.12.1999 in Malta und Gozo vor Ort durchgeführt. Der Tag der Wintersonnenwende ist der 21.12. Der Sonnenaufgang ist für Malta am 21.12. mit 7:08 Uhr angegeben, der Sonnenuntergang mit 16:51 Uhr (The Times - Malta). Die Genehmigung für den morgendlichen Zugang wurde über das archäologische Museum Valletta erteilt.

Aus dem Tagebuch:
Im Museum von Valletta hatte ich Probleme, an Mark Mifsud zu gelangen, mit dem ich schon Kontakt hatte. Erst war er beim Chef, dann bat er mich noch mal in einer halben Stunde zurückzukehren. Er scheint echt beschäftigt zu sein. Aber ich ließ mich nicht abschütteln, nachdem ich ihm immerhin zweimal eine e-mail geschickt hatte, einen

dicken Brief geschrieben und ein Fax an seinen Chef sandte. Er war dann aber ganz freundlich, zeigte mir einen Text, den er gestern nach Deutschland gemailt hatte. Zu dem Absendetermin saß ich allerdings schon im Zug nach Frankfurt. Er organisierte mir Personen für die morgendlichen Termine. Er erzählte von einem Malteser, der Untersuchungen macht, und einem Amerikaner. Deren Untersuchungen beziehen sich anscheinend nur auf den 21.12. und nur auf den Südtempel von Mnajdra. War mir erst nicht klar warum. Nachdem ich aber das Buch von Paul L. Micaleff gefunden hatte schon. Er hatte schon 1991 vermutet, dass sowohl die Wintersonnenwende, die Äquinoxien und die Sommersonnenwende in dem so genannten Kalendertempel in Mnajdra Süd durch Lichteinfälle angezeigt werden.

Während ich eine Zahlung (50,- DM) für die Überstunden der Aufseher entrichtete, schrieb Mark Mifsud (stellvertretender Verantwortlicher für die Außenanlagen des Museums für Archäologie) in meinem Namen eine förmliche Anfrage an den Direktor des Museums in Gozo mit der ausdrücklichen Bitte um Unterstützung meines Anliegens. Ich bekam später die Zusage per Telefon von einem George, der bedauerte, dass er selbst nicht um 6:00 Uhr da sein könne, aber einem Wächter Bescheid sagen würde. Alle waren sehr freundlich...

Da der Himmel morgens zeitweise durch Wolken bedeckt war, konnten nicht alle notwendigen Werte von Azimut und Höhe der Sonne gemessen werde. Diese Werte wurden, wenn nötig, durch nachträgliche Berechnungen ergänzt. Für die Messprotokolle:

Abkürzungen:

ORT	=	Ort
BR	=	Blickrichtung
AZ	=	Azimut von Nord 0° im Uhrzeigersinn
DA	=	Datum
WE	=	Wetter
SA	=	Sonnenaufgang
SU	=	Sonnenuntergang
SH	=	Sonnenhöhe
SE	=	Sonneneinfall
HH	=	Horizonthöhe
HM	=	Horizontmerkmal
ABB	=	Abbildungen

(B)	=	eigene Berechnungen
(A-V)	=	Werte übernommen von Agius und Ventura
(TK)	=	Werte aus der topographischen Karte Malta
(M-K)	=	Müller-Karpe
(Z)	=	Zammit

Maßeinheiten:
Längen und Höhenangaben in Meter m und Kilometer km; in Klammern werden, wenn nötig, 1 foot = 0,305 m und 1 engl. mile = 1,524 km, angegeben.

Messorte:
Die Messorte sind für die Tempel durchnummeriert und in die Grundrisse eingetragen. Die fettgedruckten Werte aus den Messprotokollen wurden in die Grundrisse eingezeichnet.

Angaben über rechts und links bei den Altären beziehen sich auf die Blickrichtung in den Tempel.

1. Mnajdra

Aus dem Tagebuch:
Um 5:15 Uhr aufgestanden. Halbe Stunde bis Hagar Qim ohne Umwege geschafft. Um 6:00 Uhr war alles noch komplett finster. Der Wächter tauchte auf. Sehr freundlich, wie alle Malteser. Ich ging zum Mnajdra Tempel. Es war 6:30 Uhr. Der Himmel wurde in Richtung Südost schon hell. Ich stellte das Fotostativ auf. Der Wind war heftig von Süd, d. h. meerseitig. Er war sehr schön warm und etwas feucht, mindestens 12° bis 15 °. Der Wind kommt aus der Wüste. Die Wellen gingen hoch mit Schaumkronen. Der Himmel war wolkenlos, nur ein wenig Dunst über dem Meer. In Richtung Südost lag eine Bohrinsel. Diese war zu Ostern noch nicht zu sehen. Beim Auspacken meiner Geräte stellte sich schnell Unordnung ein und ich kam ins Schwitzen. Das Stativ war nicht fest, die Blätter nicht festgeklebt. Das Formular für die Messwerte überfrachtet und der heftige Wind, der in dem Tempel herumfuhr, tat sein übriges. Einmal verteilten sich meine Papiere im halben Tempel. Ich hatte Mühe sie wieder einzufangen. Immerhin ging die Sonne auf! Im nördlichen Tempel durch den Eingang gut zu beobachten. Zuerst hatte ich den südlichen Tempel für die Untersuchungen ins Auge gefasst und war erschreckt, weil die

Richtung nicht stimmen konnte. Erleichterung als ich den Irrtum bemerkte. Die Sonne ging über Land auf, an einem kleinen Abhang mit einer Nase. Etwa über dem Schnitt von Wasserhorizont und Landhorizont war die volle Scheibe zu sehen. Der linke Altarstein (von außen nach innen gesehen) wurde zunehmend beleuchtet. Interessanterweise befand sich genau dort die kleine Tempeldarstellung, die durch die Reliefwirkung und das Schattenspiel gut zur Wirkung kam. Überhaupt wirkten die seitlich beschienenen Steine sehr plastisch. Die Steine mit den vielen regelmäßigen Löchern besonders. Eine Deutung fällt mir dazu nicht gleich ein, zumal sie nicht wie die Schälchensteine, die es auch hier gibt, unregelmäßig sind, sondern in einem Arbeitsgang bewusst geschaffen, als Oberflächengestaltung zu erkennen sind. Aber ein Eindringen in den Stein scheint damit doch gemeint zu sein. Die Steine bekamen eine warme rötliche Färbung, die aber schnell in kräftiges warmes Gelb überging. Vor Sonnenaufgang hatten sie die graublaue Farbe des Himmels. Der helle Farbton des Kalksteins reflektiert die Farbe der Umgebung unheimlich gut.

Beim Einfall der Sonne entlang der Tempelachse wirkte die Spiegelung der Sonne auf dem Meer durch das Eingangstor erheblich mit als indirekter Lichteinfall von unten. In einem oben geschlossenen d.h. dunklen Tempel muss das eine irre Wirkung gehabt haben...

Lage und Zustand

Die Tempelanlage von Mnajdra gilt zu recht aufgrund der Lage und des Zustandes als eine der schönsten megalithischen Kultstätten Maltas. Sie befindet sich an der Südküste der Insel an einem abfallenden Hang mit einem weiten Blick über das Meer (Abb. 33). Die Landschaft ringsum ist von dem hellen Kalkstein geprägt. Zwischen Felsen und losem Gestein liegen verstreut kleine Felder. Die sie umgebenen Steinmauern lassen eine vom Menschen stark gestaltete Natur erkennen. Büsche und kleinere Bäume gibt es nur vereinzelt. Größere Gebäude sind außer einem Wehrturm nicht zu sehen, was einen urtümlichen Eindruck macht. Das Meer findet sich etwa 100 m unterhalb an einer Steilküste. Eine kleine Insel ist vorgelagert.

Die Tempelanlage besteht aus drei Teilen, von denen zwei zusammenhängend einen Doppeltempel mit zwei eigenen Eingängen darstellen. Die beiden Teile haben aufgrund ihrer Lage am Hang zwei unterschiedliche Ebenen. Ein dritter kleiner Tempel liegt neben diesem Komplex.

In den als Ruinen anzusprechenden Resten erkennt man Umfassungsmauern, Eingänge, größere und kleinere Innenräume, Altäre und gepflasterte Vorplätze. Die Mauern bestehen aus zum Teil großen Felsbrocken bis zu einer Höhe von ca. 4 m (Abb. 37).

Auf der Grundrisszeichnung ersieht man, dass die Umfassungsmauern bei dem Doppeltempel aus zwei aneinander liegenden Kreisen bestehen, die wiederum von zwei Kreisen, die den Vorhof bilden, geschnitten werden. Dadurch entstehen konkave Fassaden, die sich mit einem Versammlungsplatz in Richtung Südost öffnen (Abb. 35).

Die Eingänge sind durch einen Trilith im Südtempel und durch einen Monolith im Nordtempel, in den eine rechteckige Tür gebrochen war, besonders hervorgehoben. Die Frage einer ehemaligen Überdachung wird von den meisten Wissenschaftlern nicht angezweifelt. Es gibt dazu eine Reliefdarstellung eines kompletten Tempels mit Kuppel im nördlichen Tempel am linken Altar (Foto 8). Der Doppeltempel scheint in nicht unerheblichen Bereichen rekonstruiert worden zu sein. Insbesondere sind Teile in den Außenmauern mit kleineren Steinen rekonstruiert worden. Die Grundrisse sind anscheinend vollständig erhalten. Der dritte kleine Tempel scheint nur in seinem Grundriss vorhanden gewesen zu sein. Die heutigen Aufbauten dort sind Rekonstruktionen (Foto 7).

Abb. 33: Blick auf die am Meer liegende Tempelanlage Mnajdra, von Hagar Qim aus gesehen

Messprotokoll: Mnajdra I (Südtempel), Mnajdra II (Nordtempel) und Mnajdra III (kleiner Tempel)

Lage: 35°50' nördliche Breite (TK)
           14°26' östliche Länge (TK)
Höhe: 91,5 m (300 feet)

Messungen:
Datum: 16., 17. und 22.12.99
Uhrzeit: jeweils von 6:30 Uhr bis 9:45 Uhr
Grundriss nach Evans (M-K)

Überprüfung der Nordrichtung:

1. ORT: Hagar Qim Tempeleingang
DA: 16.12.99, 17.12.99 und 22.12.99, 6:15 Uhr
AZ: 0° mag. Nord, -1° Abweichung Polarstern,
       Abweichung Nordpfeil Grundriss (M-K) – 10°, Abweichung Karten (TK) Nord -2°
WE: Wolkenfreier Himmel, gute Sternsicht kurz vor dem Hellwerden

2. ORT: Mnajdra Nordtempel, Tempeleingang
BR: Turm
DA: 16.12.99, 8:15 Uhr
AZ: 124°mag, 127° (TK) d.h. Abweichung von Karten Nordpfeil (TK) -3°

Mnajdra I (Südtempel)

1. M I
ORT: rechter Altar neben mittleren Durchgang, BR: durch Tempeleingang Mitte
AZ: 120° mag
DA: 22.12.99, 7:30 Uhr
WE: Wolkenband am Horizont
SA: Sonne erscheint deshalb erst um 7:20 Uhr
SH: 2°, SE: Sonneneinfall mit schmalem Lichtband auf rechtem Altarstein
HH: - 1°, HM: Meereshorizont

2. M I
Ort. Hauptaltar, BR: durch Haupteingang Mitte, Tempelachse
AZ: 92°mag, 92. 7° (A-V)
DA: 22.12.99, 7:35 Uhr
WE: Sonne, nur am Horizont Wolkenband
SA: Sonne nicht sichtbar, Sonnenaufgang am 21.3. und 23.9. (Paul L. Micalleff)
SE: kein Sonneneinfall wegen Ostrichtung der Hauptachse, am 21.3. und 23.9. ca. 6:30 Uhr
       kurzer Schein auf Altarplatte (Paul L. Micalleff)
HH: 4°, HM: Höhenzug, in Richtung des Tempels Hagar Qim

3. M I
ORT: linker Altarstein, BR: durch Haupteingang Mitte
AZ: 65° mag
DA: 22.12.99, 7:40 Uhr

WE: Sonne, nur am Horizontwolkenband
SA: Sonne nicht sichtbar, Sonnenaufgang zur Sommersonnenwende am 21.6. (Paul L. Micalleff)
SE: kein Sonneneinfall, am 21.6. schmaler Streifen am linken Steinrand (Paul L. Micalleff) vermutlich nach rechts wandernd und breiter werdend
HH: 4°, HM: Höhenzug

Mnajdra II (Nordtempel)

4.M II

ORT: linker Altar neben mittlerem Durchgang, BR: durch Haupteingang Mitte
AZ: 115°mag, 117° (TK)
Da: 16.12.99, 7:05 Uhr
WE: wolkenfreier Himmel, starker Wind SW, ca. 15° warm
SA: erstes Aufblitzen der Sonne
SH: 0°, SE: erster Schein fällt auf Altarstein und linken aufrechten Seitenstein (Bildstein)
HH: 0°, HM: Knick an abfallendem Hang, kurz vor dem Zusammentreffen von Hang und Meereshorizont

5. M II

ORT: Hauptaltar, BR: durch Haupteingang Mitte, Tempelachse
AZ: 138°mag, 138.1° (A-V)
DA: 16.12.99, 9:00 Uhr
WE: wolkenfreier Himmel
SH: 17°
SE: Sonne scheint von oberhalb des Haupteingangs und oberhalb Durchgang auf erhöhtem Altarstein und entlang des Ganges
HH: -1°, HM: Meereshorizont

6. M II

ORT: rechter Seitenaltar neben mittlerem Durchgang, BR: über Haupteingang
AZ: 156°mag
DA: 16.12.99, 9:45 Uhr (B)
WE: wolkenloser Himmel, ca. 25° warm
SH: 21° (B), SE: Sonne scheint auf Altarstein
HH: -1°, HM: Meereshorizont

7. M II

ORT: Hauptaltar, BR: durch Türloch in kleine Seitenkammer auf Säule unterhalb einer Altarplatte
AZ: 180°mag
DA: 16.12.99, 8:30 Uhr
WE : wolkenfreier Himmel
SE: keiner
HH: keine

54

Mnajdra III (kleiner Tempel)

8. M III

ORT: linker Seite Apsis, BR: durch Eingangssteine
AZ: 189°(B)
DA: 22.12.99, 8:30 Uhr
WE :   Wolkenband am Horizont

9. M III

ORT: Hauptaltar, BR: durch Eingangssteine, Tempelachse
AZ: 207° (B), 207° (A-V)
DA: 22.12.99, 8:30 Uhr
WE :   Wolkenband am Horizont
SU: nicht gesehen
SH: ca. 20° (B)
HH: -1°, HM: über der kleinen Insel

10. M III

ORT: rechte Seite Apsis, BR: durch Eingangssteine
AZ: 224°(B)
DA: 22.12.99, 8:30 Uhr
WE :   Wolkenband am Horizont

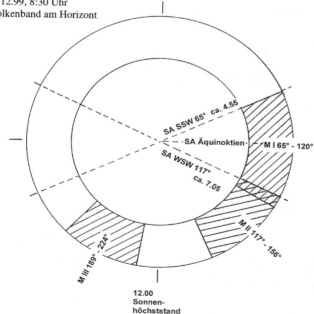

**Abb. 34: Azimutbereiche und zeitlicher Rahmen für den Sonnen-
lichteinfall durch die Eingangsbereiche der Tempel von Mnajdra**

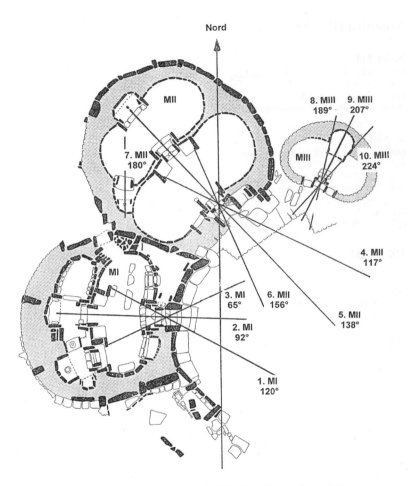

Abb. 35: Azimute für den Sonneneinfall in Mnajdra I, II und III

Kommentar

Am 16.12. waren optimale Bedingungen, den Sonnenaufgang am Nordtempel zu beobachten. Die Sonne ging vom linken Seitenaltar des Nordtempels durch die Mitte des Eingangs aus gesehen unterhalb einer Nase, möglicherweise eine künstliche Aufschüttung, am gegenüberliegenden Hang auf (Abb. 36). Über dem Schnitt von Wasserhorizont und Landhorizont war erst die volle Scheibe zu sehen.

Abb. 36: Sonnenaufgang um 7:08 Uhr (Azimut 177°) in Mnajdra II vom linken Altarstein aus gesehen

Das Azimut für das erste Aufblitzen betrug nach meiner ersten Kompassmessung 115° bei einer Höhe des Horizontes von 0°. Wenn die topografische Karte herangezogen wird, so beträgt der Aufgangsazimut allerdings 117°. Dies entspricht auch einem Aufgangsazimut von 117° in Ggantija am 23.12.1999, der nach einem Foto auf der topografischen Karte gemessen wurde. In den Berechnungen von Schlosser und Cierny, die in einem Diagramm festgehalten sind, sind für Malta für das Jahr 0 für den Sonnenaufgang (volle Scheibe) 118° angegeben. Für die heutige Zeit entspricht das etwa ein Grad weniger, hervorgerufen durch die Änderung der Erdekliptik. Wenn man davon ausgeht, dass die Tempel vor ca. 4.000 Jahren erbaut wurden sind, so betrug der Sonnenaufgangazimut damals 118° - 119° . Das heißt, dass der erste Sonneneinfall damals genau auf den linken seitlichen Altar gefallen ist (Abb. 11).

Der Sonneneinfall in den Tempel erfolgte etwa eine Stunde lang in den Bereich des linken Seitenaltars durch den Haupteingang, zuletzt nur noch auf den Altartisch. Der Eingang wird durch einen Monolithen gebildet, der ehemals mit einem rechteckigen Loch versehen war. Leider ist ein Teil abgebrochen, welches neben dem Eingang liegt (Abb. 36 und Foto 9).

Durch die morgendliche Sonne bekamen die Steine eine warme rötliche Färbung, die aber schnell in kräftiges, warmes Gelb überging. Vor dem Sonnenaufgang hatten sie die graublaue Farbe des Himmels. Der helle Farbton des Kalksteins reflektiert die Farbe der Umgebung sehr gut.

Seitlich wurde das Relief des Tempelbildes am linken senkrechten Altarstein eindrucksvoll beleuchtet. Überhaupt wirkten die seitlich beschienenen Steine sehr plastisch, insbesondere die Steine mit den vielen regelmäßigen Löchern. Es handelt sich wohl um eine Variante der sogenannten Schälchensteine, von denen einer neben dem Eingang stand, aus denen Steinmehl für magische Zwecke gewonnen wurde (Foto 9). An anderen Altarsteinen finden sich diese Löcher ganz regelmäßig angebracht. Das Eindringen in den Stein bedeutet die Kontaktaufnahme mit den göttlichen Mächten der Erde, vielleicht auch das Öffnen des Steins für die Lichtstrahlen der Sonne.

Der Sonneneinfall entlang der Hauptachse erfolgte gegen 9:00 Uhr. Hierbei spiegelte sich die höherstehende Sonne im blanken Fußoden und sie schien von oberhalb des mittleren Durchgangs auf den Hauptaltar. Der Sonneneinfall auf den rechten Seitenaltar erfolgte erst um 9:45 Uhr bei hohem Sonnenstand von 21°. Es ist gut möglich, dass der Tempel Oberlichter hatte, durch die die Sonne auf den hinteren Altar fallen konnte. Entsprechende Steine finden sich am mittleren Durchgang.

Die Achse einer kleinen Seitenkammer liegt genau Süd-Nord. Es

Abb. 37: Die Felsbrocken der Umfassungsmauer von Mnajdra I erreichen z. T. eine Höhe von 4 m. (22.12.1999, ca. 7:30 Uhr)

58

ist von einer bewussten Ausrichtung der Anlage auszugehen (Foto 5).

Starker Wind, der in die Tempel fuhr, behinderte am ersten Tag teilweise die Messung mit dem Quadranten. Am 22.12. war das Wetter ohne Wind und mit Sonne recht angenehm. Nur das Wolkenband am Horizont behinderte die Beobachtung des Sonnenaufgangs am Horizont. Die Werte vom 16.12. wurden mit denen am 22.12. erhobenen verglichen. Außerdem konnte am Südtempel noch gemessen werden und der letzte Sonnenstrahl durch den Eingang und das Auftreffen auf den rechten Seitenaltar festgehalten werden (Fotos 1 und 2). Der Sonnenaufgang zur Tages- und Nachtgleiche findet vermutlich am Höhenzug in Richtung Hagar Qim statt (Foto 3). Die Abweichung von der genauen Ost-Westachse von 2° ist mit der Horizonthöhe von 4° zu erklären. Dadurch kann die Sonne zur Tages- und Nachtgleiche beim Aufgang durch den Eingang in die hintere Apsis für ca. zehn bis fünfzehn Minuten einfallen. Für die Zeiten der Winter- und der Sommersonnenwende treffen die ersten Sonnenstrahlen des Tages auf die jeweiligen aufrechten Steine rechts und links neben dem mittleren Eingang. Die Aussagen über die Sonneneinfälle an der Sommersonnenwende und den Tagen der Tages- und Nachtgleichen konnten aus der Veröffentlichung von Paul L. Micalleff entnommen werden.

Der kleine Tempel hat keinen offensichtlichen Bezug zum Sonnenaufgang oder -untergang (Foto 7). Möglich wäre nur die Beobachtung der absteigenden Sonne durch das Eingangstor, die mit einem Azimut von 245° hinter dem südlichen Tempel untergehen würde. Durch den Eingang kann man die kleine Insel Filfla sehen.

7.2. Ta Hagrat bei Mgarr

Aus dem Tagebuch:
Der Tempel von Tal Hagar ist mit Mauern und einem hohen Zaun gesichert. Viele Besucher scheinen nicht hineinzukommen. Ist auch ganz gut so. Leider habe ich es versäumt den Nordpfeil auf der Grundrisszeichnung zu überprüfen. Vielleicht kriege ich es auch so hin. Der Trilith als Eingang ist beeindruckend. Ob er so die Zeiten überdauert hat, kann man anzweifeln. Obwohl, wer hätte ein Interesse gehabt ihn wieder hoch zu hieven, wenn er runtergefallen wäre. Der

Tempel wirkt nicht so „aufgeräumt und aufgemotzt". Auch irgendwie kleiner. Anscheinend gab es wohl bei jedem Ort einen Tempel, unterschiedlich groß, wie bei Kirchen halt. Wegen der unterschiedlichen Räumlichkeiten wohl unterschiedlich nutzbar. Aber auch hier eine Durchsicht durch den Tempeleingang nach außen Richtung Südosten feststellbar. Wind und Wetter haben den Steinen schwer zugesetzt. Es wäre wohl besser sie zu bedecken. Egal wie es aussieht...

Lage und Zustand

Die Tempelanlage Ta Hagrat liegt am Südhang eines fruchtbaren Tales. Sie gehört zu dem Ort Mgarr, der in seiner Mitte eine große Kirche mit Kuppel besitzt. Um die Anlage zieht sich eine Mauer mit Zaun, die aber noch die Sicht in die Landschaft gestattet (Foto 10).

Der Tempel ist nur teilweise rekonstruiert. Er ist eine kleinere Anlage mit einem zentralen Bereich in Kleeblattform

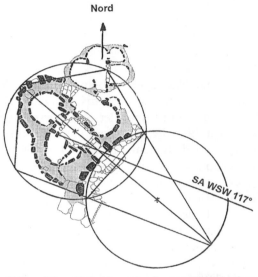

Abb. 38: Ta Hagrat I, geometrische Grundstruktur des Tempels

und einem Anbau ebenfalls in Kleeblattform. Ein zentraler Raum mit seinen Sitzbänken ringsum ist sorgfältig mit Steinplatten ausgelegt (Foto 11). Es scheint neben dem Haupteingang einen zweiten Zugang gegeben zu haben, der hinter der Apsis liegt. Der Trilith am Eingang wirkt monströs. Die Steine sind durch Wind und Wetter stark erodiert doch der Grundriss scheint original zu sein.

Messprotokoll: Ta Hagrat

Lage: 35°55` nördliche Breite (TK)
14° 22` östliche Länge (TK)
Höhe: 91,5m (300 feet)(TK)

Messungen:
Datum: 16.12.99
Uhrzeit: 15:30 Uhr
Grundriss nach Evans (M-K)

1. Ta H I
Ort: linker Seitenaltar neben Hauptachse, BR: durch Mitte Haupteingang
AZ: 117° mag.
DA: 16.12.99
SA: vermutlich Sonnenaufgang zur Wintersonnenwende
SH: 1° (B), SE: in Altarnische
HH: 1° (B)
HM: aus Senke ansteigender Höhenzug (Great Fault) Höhe ca. 122 m (400 feet)(TK)

Abb. 39: Blick aus dem Tempel Ta Hagrat I Richtung SA WSW vom linken Seitenaltar aus (Azimut ca. 117°, 16,12,1999, 15:00 Uhr)

2. TA H I
Ort: Kopfapsis, BR: Haupttempelachse durch Mitte Haupteingang
AZ: 130° mag, 130,6`° (A-V)
DA: 16.12.99
SH: 12° (B), SE: in Richtung der Hauptachse
HH: 3°, Höhendiff. 120 m (700 feet) (TK) Entfernung 2400 m
HM: Erhebung auf gegenüberliegendem Höhenzug

3. TA H I
Ort: rechter Seitenaltar neben Hauptachse, BR: durch Mitte Haupteingang
AZ: 145°mag
DA: 16.12.99
SH: 16° (B), SE: in Altarnische
HH: 3°, Höhendiff. 100m (630 feet)(TK) Entfernung 2000m
HM: leichte Senke auf Höhenzug, Ort: Dwejra

4. TA H II
Ort: Kopfapsis in kleinem Nebentempel, BR: Hauptachse Nebentempel
AZ: 173°mag, 172,7° (A-V) fast Süden
DA: 16.12.99

SH: 35° (B), SE: in der Achse des Tempels
HH: 4°, Höhendiff. 148 m (785 feet) (TK), Entfernung 2000 m
HM: höchste Erhebung auf Malta, Nadur Tower

Kommentar

Leider wurde dieser Tempel nicht bei Sonnenaufgang besucht, so dass nur mit den magnetischen Messungen und Berechnungen Aussagen über die Ausrichtung getroffen werden können.

Auch dieser Tempel ist zum Sonnenaufgang der Wintersonnenwende ausgerichtet. Die Sonne fällt bei Sonnenaufgang auf den linken Altarstein neben dem Durchgang zur Apsis. Der Azimut ist bei einem höheren Horizont und ansteigendem Gelände mit 117°

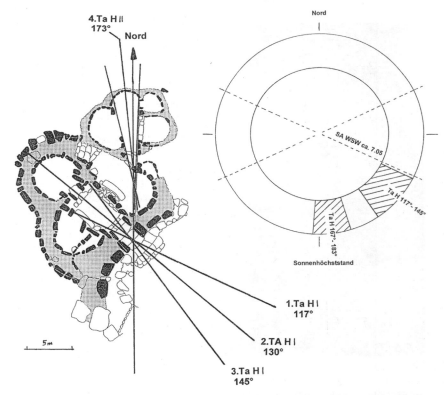

Abb. 40: Azimute für den Sonnenlichteinfall in Ta Hagrat im Kreisdiagramm und im Grundriss

62

angenommen (Abb. 39). Mit 12° Höhe und einem Azimut von 130° fällt die Sonne möglicherweise durch ein Oberlicht in die hintere Apsis, ebenso mit 145° auf den rechten Altarstein (Abb. 40).

Interessanterweise ist die Achse des kleinen Tempels zur höchsten Erhebung Maltas mit 173° fast nach Süden ausgerichtet. Die Erhebung nennt sich Nadur (arabisch: der Wächter) mit dem Nadur Tower. Nach Berechnung würde der Sonnenuntergang zur Wintersonnenwende bei freier Sicht in einer Senke erfolgen mit der Horizonthöhe von 0°. Dies wurde noch nicht überprüft.

Auch wenn es sich bei der Binnenstruktur nur um die Kleeblattform handelt, kann doch von einer typischen Grundstruktur mit den zwei Kreisen und dem einliegenden Fünfeck ausgegangen werden (Abb. 38).

7.3. Hagar Qim

Aus dem Tagebuch:
Morgens um 6:00 Uhr am Tempel Hagar Qim. Der extra angereiste Aufseher verabschiedet sich nach freundlichen Worten gleich wieder. Der Wächter ist da und schließt mir auf. Er schläft dort in seinem Auto.
Nachdem ich die ersten Vorbereitungen getroffen habe, kommt eine weitere Person mit Fototaschen bewaffnet. Wir grüßen uns freundlich. Nach anfänglicher Zurückhaltung frage ich ihn aus. Er fotografiert beim Sonnenaufgang mindestens so viel wie ich. Er sagt, er habe schon mal fotografieren wollen, aber es sei bewölkt gewesen. Er fotografiert dieselben Stellen wie ich. Er ist ebenso interessiert wie ich an den Altären links und rechts. Auf die Frage, ob er Mark Mifsud kenne, bestätigt er dies und dass er vor einem Monat mit ihm Kontakt gehabt hätte. Er arbeite für keine Zeitung oder so, er mache die Fotos rein privat. Er fragte mich im Laufe der Zeit auch aus. Ich war mehr oder weniger auskunftsfreudig. Wir waren aber recht höflich zu einander. Er sei Bäcker...

Lage und Zustand

Die große Tempelanlage von Hagar Qim befindet sich auf einem Höhenzug in der Nähe von Mnajdra. Inwiefern sie gemeinsam ein religiöses Zentrum gebildet haben, ist nicht zu erkennen. Von dem

Höhenzug hat man einen weiten Blick in die umgebende Landschaft. Man sieht die Steilküste im Südosten, im Südwesten das Meer und im Nordwesten Felder und Ortschaften. Im Süden ist ein Hügel vorgelagert, der den Blick auf das Meer verstellt. Die Anlage selbst macht mit den großen Steinen in der Umfassungsmauer und den kompletten Innenräumen einen gewaltigen Eindruck, der ursprünglich mit der vermuteten Überkupplung sicher noch eindrucksvoller war. Der jetzige Zustand ist eine Rekonstruktion, die abgeleitet aus den Grundrissen einen vermuteten Wandaufbau bis zu einer Höhe von 4 m nachempfindet. Insbesondere die monumentale Front mit den sauber geformten Steinen ist in den 50er Jahren entstanden (Fotos 12 und 14).

Die Anlage scheint auf den ersten Blick verwirrend chaotisch, setzt sich aber aus mehreren einfachen Elementen zusammen. Dabei sind im Grundriss die typischen Formen der übrigen maltesischen Tempel wiederzufinden. Sie kann in ihrer Außenform auf zwei sich schneidende Kreise reduziert werden und ist damit den anderen Tempeln, deren eckige Außenform sich auch auf Kreise beziehen, nicht

Abb. 41: Eingang zur Tempelapsis mit Ausrichtung zum SU SSW (Azimut 297°) in Hagar Qim

64

unähnlich. In dem größeren Kreis befinden sich die einzelnen Räume etwa auf den Mittelpunkt ausgerichtet, im kleineren Kreis ist die bekannte Doppelapsisform zu erkennen. Aus dem Grundriss ist zu schließen, dass vor dem Tempel Richtung Südost ein Platz angelegt war. Ruinöse Reste, die nicht klar zu definieren sind, liegen vor der Hauptfront und verdecken zum Teil den Blick aus dem Haupteingang. An- und Umbauten und zusätzliche Eingänge trugen wohl zur Veränderung der Grundstruktur bei (Abb. 44).

In unmittelbarer Nähe auf gleicher Höhe befindet sich im Norden ein weiterer kleiner Tempel, dessen Eingang nach Süden gerichtet ist. Auch er weist die typische Grundstruktur in seinen Resten nach (Foto 17). Auffällig sind die hoch aufragenden Steine, die die Höhe der äußeren Umfassungsmauern andeuten könnten. Sie sind auch schon auf Abbildungen aus dem 18. Jh. zu sehen (Foto 16).

Messprotokoll: Hagar Qim I (Südtempel), Hagar Qim II (Nordtempel)

		Messungen:
Lage:	35°050' nördlichen Breite (TK)	Messungen:
	14°26'30'' östliche Länge (TK)	Datum: 17.12.99
Höhe:	129,5m (425 feet) (TK)	Uhrzeit: von 6:15 bis 10:00 Uhr
		Grundriss aus Müller-Karpe nach Evans

Abb. 42: Blick in die Tempelanlage Hagar Qim von Nordwest mit Azimut 297° (vermutlicher sonnenlichteinfall SU SSW, Aufnahme: Ostern 1999, vormittags)

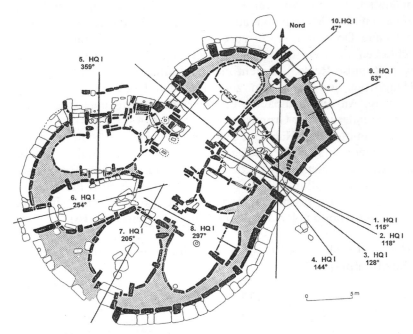

Abb. 43: Grundriss der Tempelanlage von Hagar Qim I mit Azimuten für den Sonnenlichteinfall

Überprüfung Nordrichtung:

ORT: Hagar Qim vor Tempeleingang, BR: Polarstern
DA: 17.12.99, 6:20 Uhr
AZ: 0° mag. Nord, 1° Abweichung Polarstern Richtung Ost, 6° Abweichung von Nordpfeil Grundriss (Müller-Karpe), 3° Abweichung von Karten Nord (TK)
WE: Wolkenfreier Himmel, gute Sternsicht kurz vor dem Hellwerden

Hagar Qim I (Südtempel)

1. HQ I

ORT: vor den Steinsetzungen vor dem Haupteingang, BR: Achse Eingang - Richtung Sonnenaufgang
AZ: 115°mag
DA   17.12.99, 7:05 Uhr
WE: leicht diesig über dem Meer
SA: Sonne erscheint über dem Meer dicht neben der felsigen Steilküste gegenüber der blauen Grotte.

SH: -1°, SE: Sonne beleuchtet die Hauptfront des Tempels
HH: -1°, HM: Meereshorizont

2. HQ I

ORT: linker Seitenaltar neben Hauptdurchgang, BR: durch Tempeleingang Mitte
AZ: 118°mag
DA: 17.12.99, 7:15 Uhr
WE: leicht diesig
SA: Sonne erscheint hinter einem aufrecht stehenden Stein ca. 20 m von Eingang entfernt.
SH: 1°, SE: Sonne scheint auf linken Altarstein, auf dem der Spiralenstein liegt.
HH: 1°, HM: Wenn der Stein nicht im Wege stehen würde, stände die Sonne über dem Meer. Der Meereshorizont ist begrenzt rechts durch die Steilküste und links durch einen Hügel.

3. HQ I

Ort: Nordwestende des Hauptdurchgangs, BR: Tempeleingang Südost
AZ: 128° mag, 128,7°(A-V)
DA: 17.12.99, 8:20 Uhr (B)
WE: keine Wolken, kein Wind, warm
SH: 10°, SE: Sonne scheint entlang der Hauptachse durch den Haupteingang auf den Boden bis in den Bereich des nordwestlichen Eingangs
HH: 3°, HM: keine freie Sicht auf das Meer wegen des Hügels

4. HQ I

Ort: rechter Altar, BR: durch Haupteingang
AZ: 144° mag
DA: 17.12.99, 9:15 Uhr (B)
WE : sonnig und warm
SH: 18°, SE: von oberhalb des Eingangs auf den rechten Altar
HH: 3°, HM: Hügel

5. HQ I

Ort: Altar Raum 6 (Grundriss M-K), BR: Raumachse Richtung Nordtempel HQ II
AZ: 359° (fast Nord) (B), 0,8° (A-V)

6. HQ I

Ort: Raumende in Raum 10 (Grundriss M-K), BR: Eingang Tempel
AZ: 254° (B), 255° (A-V)
SU: Vermuteter Sonnenuntergang zur WSW
SH : unter 0°
HH: unter 0°, HM: Meereshorizont

7. HQ I

Ort: Raumende im Raum 7 (Grundriss M-K), BR: durch Eingangstor
AZ: 205° (B) vergleiche 207° Mnajdra III, 213° (A-V)

8. HQ I

Ort: Raumende im Raum 8 (Grundriss M-K), BR: Raumachse durch Tür

AZ: 297° mag, 297,8 (A-V)
SU: vermuteter Sonnenuntergang zur Sommersonnenwende
HM: verdeckt durch Tempelbauten

9. HQ I

Ort: großer Stein in der Außenmauer, BR: senkrecht zum Stein
AZ: 63° (B)
SA: vermuteter Sonnenaufgang zur Sommersonnenwende
SH: 0° (B), SE: der Stein wird senkrecht angeleuchtet
HH: 0° (B), HM: Kirche von Qrendi

10. HQ I

Ort: Mitte Altar in der Außenmauer, BR: senkrecht zum Altar
AZ: 47°(B)

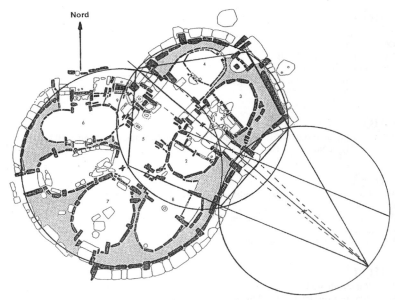

Abb. 44: Geometrische Grundstrukturen im Grundriss der Tempelanlage Hagar Qim

Hagar Qim II (Nordtempel)

11. HQ II

Ort: linker Seitenaltar, BR: in Richtung
durch Eingang
AZ: 167° mag
DA 17.12.99
WE: sonnig

12. HQ II

Ort: Kopfende in der Hauptachse, BR: in
Richtung Hauptachse durch
Eingang
AZ: 180° mag nach Süden, 186° (A-V)
DA 17.12.99
WE: sonnig

13. HQ II

Ort: rechter Seitenaltar, BR: in Richtung
durch Eingang
AZ: 193° (B) da nicht mehr vorhanden

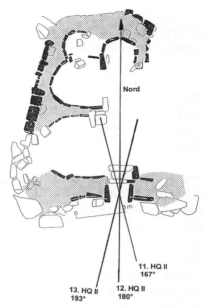

Nord

11. HQ II
167°

13. HQ II   12. HQ II
193°   180°

Abb. 45: Grundriss mit Azimuten für den Sonnenlichteinfall in Hagar Qim II

Kommentar

Der Tempel Hagar Qim I bietet eine Reihe von Achsen an, die mit verschiedenen Sonnenständen zu tun haben. Die Untersuchung bezog sich im Wesentlichen auf die Hauptachse, die von Südost nach Nordwest durch den Tempel verläuft und zwei gegenüberliegende Eingänge hat (Abb. 43).

In den südöstlichen Eingang schien am 17.12 morgens bei wolkenlosem Himmel die aufgehende Sonne zuerst auf den linken Altar, an dem sich die geschmückte Steinplatte mit der Spirale befindet (Foto 15). Dabei wurde erst mit einem Azimut von 118° die Sonne sichtbar, da ein Stein im Wege stand (Foto 13). Eigentlich bildet das Meer den Horizont. Da es tiefer liegt als Hagar Qim, wäre der Sonnenaufgang ohne den Stein schon mit 115° zu sehen. Der Blick geht entlang des Tals, das in Richtung der bekannten blauen Grotte liegt.

In den ersten zwei Stunden wanderte das Licht der Sonne durch den Tempel. In Richtung der Hauptachse schien sie eine Stunde nach Aufgang mit einer Höhe von 10°. Mit einer Öffnung über dem jetzigen Tor würde sie in den hinteren Teil fallen. Der Lichteinfall auf den rechten seitlichen Altar würde früher ebenfalls nur mit einem Oberlicht tatsächlich stattgefunden haben, das die Höhe der Sonne von 18° berücksichtigt.

Auf der nordwestlichen Seite des Hauptganges ist der Einfall der Abendsonne zur Sommersonnenwende zu vermuten. Sie wandert dort möglicherweise aus dem Tempel, nachdem sie den linken Seitenaltar des mittleren Durchgangs getroffen hat (Abb. 42).

Es finden sich weitere Achsen, die einzelne Räume betreffen (Abb. 43). Die Achse eines länglichen Raumes zeigt mit dem Tor in Richtung Südwesten zum Sonnenuntergang der Wintersonnenwende mit ca. 245°. Ein länglicher Raum mit Tor hat die Ausrichtung von 207° Süd-Südwest und findet sich in Übereinstimmung mit dem kleinen Tempel von Mnajdra III (Foto 16). Ein Raum wendet sich mit seiner Achse vom Altar über die Mitte des Grundrisskreises nach Nordwesten mit 297° zum Sonnenuntergang der Sommersonnenwende (Foto 17). Ein weiterer Raum mit quer zum Eingang liegender Raumachse zeigt mit seinem Ausgang nach Norden mit 359°. Die Achsen wurden mit dem Kompass überprüft und stimmen mit denen von A-V weitgehend überein.

Die Breitseite des großen Steins in der Außenmauer im Nordosten zeigt in die Richtung des Aufgangs der Sommersonnenwende ca. 65°. Auffallend sind hier die drei großen

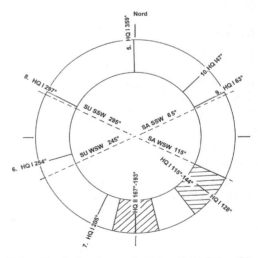

Abb. 46: Azimute und Azimutbereiche für den Sonnenlichteinfall durch die Eingangsbereiche in Hagar Qim I und II

70

Schalen, die sich im oberen Teil des Monolithen gleichmäßig angeordnet befinden. Die Blickrichtung geht zur Kirche von Qrendi, die auf einem Hügel liegt (Foto 14).

Die vermuteten Sonnenauf- und -untergänge konnten in diesen Fällen nicht verifiziert werden. Die Vermutungen ergeben sich aber aus den spezifischen Azimuten.

Da der Wiederaufbau des Tempels inklusive der Vorderfront mit den historischen Befunden nicht zu belegen ist, kann über mögliche Oberlichter nur spekuliert werden. Bei einigen Ausrichtungen würden sie sich anbieten.

Der kleine Tempel HQ II weist eine Achse auf, die Nord-Süd ausgerichtet ist. Sein Eingang öffnet sich nach Süd. Hier überrascht die genaue Ausrichtung, aber eine Erklärung muss noch gefunden werden.

7.4. Kordin

Aus dem Tagebuch:
Vormittags habe ich die Tempel von Kordin gesucht. Erst nach einer Weile habe ich sie zwischen einer Schule, einem Kloster, einer Befestigungsanlage und einer Moschee auf einem zugebauten Hügel gefunden. Eine Reihe von Leuten, die ich angesprochen hatte, wusste nicht, wo er lag. Die Anlage war von einer hohen Mauer umgeben, mit nur zwei mit Eisengittern verschlossenen Eingängen versehen. Daneben lag ein Klostergebäude. Ein Franziskaner Mönch, den ich nach dem Einlass fragte, nahm mich mit auf sein Klosterdach. Von dort hatte ich den besten Überblick, die Ausrichtung der Tempel konnte ich noch messen. Die Richtung zum Sonnenaufgang war mit einer Mauer verbaut und mit hohen Bäumen versperrt...

Lage und Zustand

Es handelt sich bei der untersuchten Tempelanlage um einen Komplex von mehreren Räumen (Foto 18). Sie liegt unmittelbar neben einem Kloster und einer Schule, umgeben von einer Mauer und teilweise hohen Baumbestands, so dass man keinen Ausblick hat. Vom Dach des Klosters kann man aber sehen, dass die Tempelanlage mindestens nach Westen einen freien Blick hatte.

Von der ehemals größeren Anlage sind nur noch die Grundrisse mit Steinen markiert. Die einzelnen Räume wirken nicht so wuchtig. Bei einem Tempelteil ist die Kleeblattform im Grundriss gut zu erkennen. Bei diesem lässt sich auch eine Achse bestimmen. Bei Kordin II kann eine Achse durch die Eingangssteine vermutet werden. Die anderen Raumachsen sind unbestimmt. Für den Hauptteil lässt sich wieder die typische Grundstruktur in Anwendung bringen (Abb. 47). Das Pflaster im Tempel und auf dem Vorplatz ist noch gut zu erkennen.

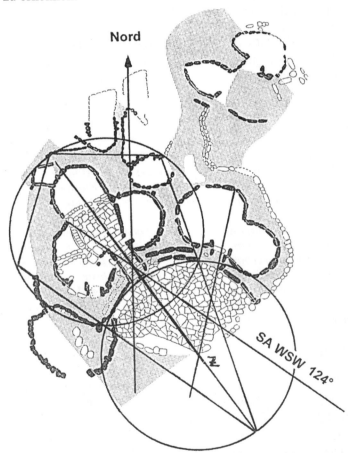

Abb. 47: Geometrische Grundstruktur der Tempelanlage von Kordin: Zwei gleich große Kreise schneiden sich. Der Mittelpunkt des äußeren Kreises könnte mit einem Pfahl auf der Front den SA SWS markiert haben.

Messprotokoll: Kordin

Lage: 35°53`nördliche Breite (TK)
          14°30`östliche Länge (TK)
Höhe: 38 m (125 feet)

Messungen:
Datum: 18.12.99
Uhrzeit: 10:50 bis 12:30 Uhr
Grundriss nach Evans (M - K)

Überprüfung der Nordrichtung

Ort: Tempeleingang, BR: Achse Tempel
DA: 18.12.99, 12:00 Uhr
AZ: 144°mag, die Nordrichtung auf dem Plan von (M-K) weicht von dem magnetischen Nord um 3° ab.

Kordin

1. KO I
Ort: in der hinteren Apsis linker Ecke, BR : Tempeleingang
AZ: 124°mag
DA: 18.12.99, 12:10 Uhr
WE: schwache Bewölkung
SH: 6° (B)
HH: ca. 1° (B), HM: Baumbestand, keine Horizontlinie zu erkennen, laut TK ist in 2000 m Entfernung eine kleine Geländesenke auf einem insgesamt erhöhten Gelände von 15 m

2. KO I
Ort: in der hinteren Apsis, BR : in der Hauptachse durch Tempeleingang
AZ: 144°mag, 149° (A-V)
DA: 18.12.99, 12:20 Uhr
WE: schwache Bewölkung
SH: 16° (B)
HH: ca. 2° (B), HM: dichter Baumbestand, in 500m Entfernung befindet sich laut TK eine Geländeerhöhung von 15 m
ABB: Kartenausschnitt (TK)

3. KO I
ORT: in der hinteren Apsis rechte Seite, BR: durch Tempeleingang
AZ: 162° mag
DA: 18.12.99, 12:20 Uhr
WE: Sonne scheint kurz durch Wolken
SH: 22° (B)
HH: ca. 2° (B), HM: Baumbestand, in 500 m Entfernung Geländeerhöhung um 15 m

4. KO II

ORT: Tempelraum hintere Wand, BR: durch Tempeleingang
AZ: 195° mag
DA: 18.12.99, UZ: 12:20 Uhr
WE: Sonne scheint kurz durch Wolken
HM: Baumbestand

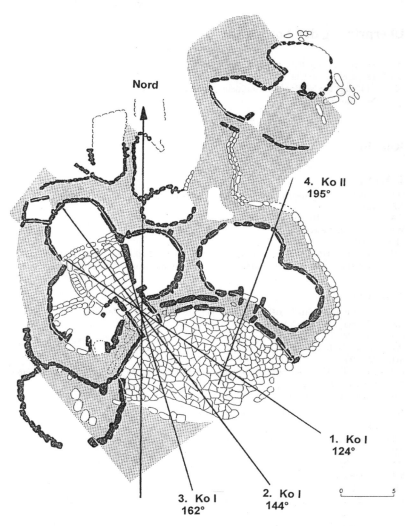

Abb. 48: Azimute für den Sonnenlichteinfall in Kordin I und Kordin II

Kommentar

Die Blickrichtung vom Haupteingang zum Sonnenaufgang zur Wintersonnenwende ist durch höher gelegenes Gelände in Südost bestimmt, das den Sonnenaufgangsazimut vergrößert. Die Sonne würde bei einem Winkel von 124° bis 162° den Tempel von 8:00 bis 9:30 Uhr unter einem Höhenwinkel von 6° bis 22° durchstreifen (Abb. 48). Dies ergibt sich aus den Messungen und Beobachtungen an den anderen Tempeln. Hier bietet sich wieder die Vermutung an, dass das Licht durch ein Oberlicht gelenkt wurde. Dies konnte leider nicht fotografisch festgehalten werden, da am Besuchstag morgens keine Sonne schien. Die Abweichung des Azimuts der Tempelachse von 144° mag (Foto) und 149° bei (A-V) kann auf eine fehlerhafte Nordpfeilannahme bei (A-V) zurückzuführen sein.

7.5. Tarxien

Lage und Zustand

Die Tempel von Tarxien nehmen für Malta eine besondere Stellung ein. Sie sind in ihrem Aufbau komplexer als die übrigen und werden allgemein einer jüngeren Kulturstufe zugerechnet. In ihrer Nähe befinden sich im nordöstlichen Bereich Maltas die großen natürlichen Häfen von Valletta. Die Gegend scheint schon sehr früh ein Siedlungsschwerpunkt gewesen zu sein. Die Tempel liegen heute völlig eingebaut auf einer Anhöhe. Früher kann der Blick nach Südwest freier gewesen sein. Die Tempel sind vorwiegend nach Südwest ausgerichtet. Ganz in der Nähe hat man das Hypogeum, eine unterirdische Tempelanlage gefunden, die auch als Begräbnisplatz genutzt wurde.

Die Anlage von Tarxien besteht im Wesentlichen aus drei ineinandergebauten Tempeln (Abb. 49). Alle drei weisen die typische Form mit den zwei Raumpaaren an einer Hauptachse und einem Eingang auf. Der erste und der dritte Tempel im östlichen Bereich haben einen eigenen Eingang nach außen und sind annähernd gleich ausgerichtet. Zwischen den beiden liegt der zweite Tempel mit einer etwas anderen Eingangssituation und Ausrichtung. Er ist etwas kleiner aber von der gleichen Struktur. Sein Tor führt in einen länglichen Raum.

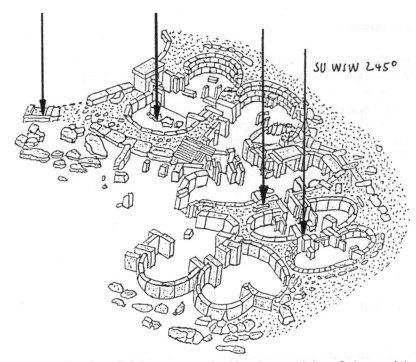

SU WSW ∠45°

Abb. 49: Tarxien, Zeichnung aus der Vogelperspektive. Gekennzeichnet ist hier der Sonnenlichteinfall bei SU zur WSW (aus „Prähistorisches Malta", Beschreibung von Zammit)

Es ist ein zusätzlicher Raum, der einen weiteren Eingang hat und einen Verbindungsgang zum dritten Tempel. Man hat den Eindruck, als ob eine gesteigerte Intimität durch die Staffelung der Räume erreicht werden sollte. Auch der dritte Tempel, der sich nach Südwesten anschließt, weist die typische Struktur auf. Er ist der größte von den dreien, und hat einen Ausgang nach Südwest. Östlich dieses Komplexes liegen noch die Reste eines kleinen Tempels.

Ein Hof mit diversen Gebäudefragmenten schließt sich nach Südwesten an. Der Haupteingang des dritten Tempels liegt in der Mitte einer konkaven Gebäudefront, die sich zu einem Hof öffnet. Die Grundrisse der Außenmauern sind nur noch zum Teil zu erkennen. Die Innenmauern, die zum großen Teil aus gehauenen Steinen bestehen, sind nach innen geneigt. Sie deuten damit eine Überkuppelung an, von der auch der Ausgräber Zammit überzeugt war.

Die Wände sind aus exakt behauenen Steinen gesetzt. Leider ist viel Zement bei ihrer Restaurierung verwendet worden, der sich jetzt wieder ablöst. Die Wandsteine haben durch Brandeinwirkung möglicherweise in Zusammenhang mit der Zerstörung der Tempel stark gelitten.

Der jetzige Zustand ist die Rekonstruktion nach den Ausgrabungen von Zammit 1914 bis 1917. Sie vermittelt einen guten Eindruck über die Größe der gesamten Anlage, wenn auch die Höhe der Tempel nicht problemlos vorstellbar ist. Die geometrischen Grundstrukturen scheinen hier sehr komplex und können nur vermutet werden. Dabei können gleichgroße Kreise für die einzelnen Tempel angenommen werden (Abb. 50).

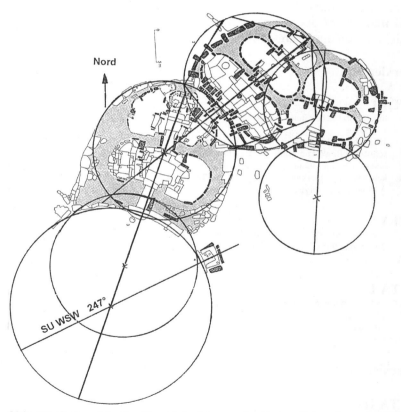

Abb. 50: Geometrische Grundstrukturen der Tempel Tarxien I, II und III

Messprotokoll: Tarxien

Lage: 35°53´nördliche Breite (TK)	Messungen:
14°30´östliche Länge (TK)	Datum: 18.12.99
Höhe: 53 m (175 feet)	Uhrzeit: 14:50 bis 15:50 Uhr
	Grundriss nach Evans (M–K)
	Grundriss nach Zammit

Überprüfung der Nordrichtung (TA V)

Ort: Tempeleingang V, BR: Kopfende Apsis Mitte –Haupteingang Tempel
DA: 18.12.99, UZ: 15:00 Uhr
AZ: 202°mag , 200°2´ (A-V) , 202° (Z)

Tempelachse (Z) ist vermittelt und stimmt mit der gemessenen Achse im Azimut überein. Deshalb stimmen auch True North (Z) und mag. Nord überein. Die Nordrichtung auf dem Plan von M-K weicht davon um 3° ab.

Tarxien I

1. TA I
Ort: linker Altar neben inneren Durchgang, BR : Tempeleingang
AZ: 180° mag.
DA: 18.12.99, 15:10 Uhr (gilt für alle Messungen in Tarxien)
WE: schwache Bewölkung (gilt für alle Messungen in Tarxien)
HH: höchster Sonnenstand zur Wintersonnenwende (B)
HM: keine Horizontmerkmale, da rings um die Tempel hohe Mauern, Bewuchs und Gebäude. Auf der TK ansteigendes Gelände

2. TA I
Ort: in der hinteren Apsis, BR : in der Hauptachse durch Tempeleingang
AZ: 202°mag, 196° (Z), 198° (A-V)
HM: s.o.

3. TA I
ORT: rechter Altar neben inneren Durchgang, BR: durch Tempeleingang
AZ: 217°mag
SH: 20° (B)
HM: s.o.

Tarxien II

4. TA II
ORT: linker Altar neben mittlerem Durchgang, BR: durch Mitte Eingang

78

5. TA II

ORT: Hauptaltar, BR: Tempeleingang
AZ: 229°mag, 229° (Z), 230,1° (A-V)
SH: 11° (B), SE: s.o.

6. TA II

ORT: rechter Altar neben mittlerem Durchgang, BR: Tempeleingang
AZ: 245° (B)
SU: Sonnenuntergang zur Wintersonnenwende (B)
SH: 1° (B)
HH: 1° sehr leicht ansteigendes Gelände (TK)
HM: Luqa Church - allerdings durch Bebauung vollständig verdeckt - 2250 m entfernt (TK)

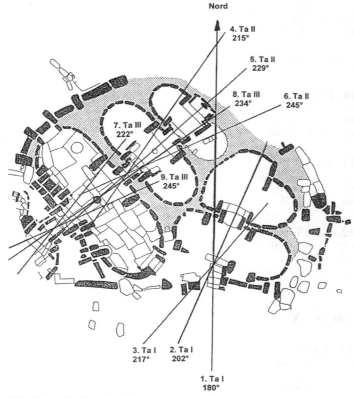

Abb. 51: Azimute für den Sonnenlichteinfall in Tarxien I, II und III

79

Tarxien III

7. TA III
ORT: linker Altar in Zwischenraum, BR: Eingang zum Verbindungsweg
AZ: 222°mag
SH: 20° (B), SE: durch Oberlicht (B)

8. TA III
ORT: Achse durch Eingang Zwischenraum, BR: Eingang zum Verbindungsweg
AZ: 235°(B)
SH: 7° (B), SE: durch Oberlicht (B)

9. TA III
ORT: rechter Altar in Zwischenraum, BR: Eingang zum Verbindungsweg
AZ: 245° mag
SU: vermutlicher Sonnenuntergang zur Wintersonnenwende (B)
SH: 0° (TK), SE: -
HH: s.o., HM: s.o.

Tarxien IV

10. TA IV
ORT: linke Apsisseite, BR: mittlerer Durchgang
AZ: 180° (B)
SH: höchster Sonnenstand zur Wintersonnenwende (B), SE: durch Oberlicht (B)

11. TA IV
ORT: Achse durch Apsis und mittleren Durchgang, BR: mittlerer Durchgang
AZ: 198°mag
SH: 22° (B), SE: durch Oberlicht (B)

12. TA IV
ORT: rechter Apsisseite, BR: mittlerer Durchgang
AZ: 217° (B)
SH: 20° (B), SE: durch Oberlicht (B)

Tarxien V

13. TA V
ORT: linker Altar vorderer Tempelraum, BR: Haupteingang
AZ: 190° (B)
SH: höchster Sonnenstand zur Wintersonnenwende (B), SE: durch Oberlicht (B)

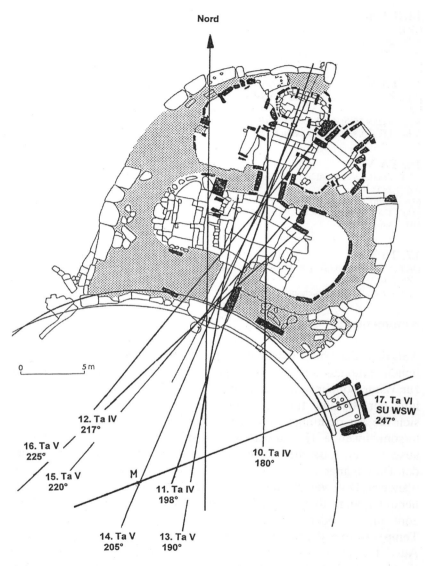

Abb. 52: Azimute für den Sonnenlichteinfall in Tarxien IV und V

14. TA V

ORT: Achse des vorderen Tempelraumes, BR: Haupteingang
AZ: 205° mag
SH: 18°, SE: durch Oberlicht (B)

15. TA V

ORT: Opferaltar- rechter Altar im vorderen Tempelraum, BR: Haupteingang
AZ: 220° (B)
SU: letztes Licht durch Oberlicht (B)
SH: 11° (B), SE: durch Oberlicht (B)

16. TA V

ORT: zweiter rechter Altar im vorderen Tempelraum, BR: Haupteingang
AZ: 245° (B)
SU: Sonnenuntergang zur Wintersonnenwende (B)
SH: 1° (TK), SE: durch Oberlicht (B)
HH: s.o., HM: s.o.

17. Ta VI

ORT: kleiner Steinaltar, BR: Mittelpunkt Hofkreis
AZ: 247° (B)
SU: vermutlicher Sonnenuntergang WSW

Kommentar:

Aufgrund der völlig eingebauten Lage der Tempel und der südwestlichen Hauptausrichtung erscheint es nicht sinnvoll, Sonnenaufgänge zur Wintersonnenwende beobachten zu wollen. Wie aus der Feststellung der Azimute für die Tempelachsen zu vermuten ist, beziehen sich die Ausrichtungen auf den Sonnenuntergang zur Zeit der Wintersonnenwende. Hierzu waren der erste und der dritte Tempelteil so ausgerichtet, dass die Nachmittagssonne auf ihre linken Altäre an den Durchgängen schien, um dann langsam auf die rechten Altäre zu wandern. Dort verschwand die Sonne möglicherweise mit dem Sonnenuntergang, allerdings nur, wenn man von einem erhöhten Horizont ausgeht oder Oberlichter in Rechnung zieht. Bei dem dritten Tempel ist dies die Stelle, wo ein großer Opferaltar steht. Die genaue Ausrichtung auf den Sonnenuntergang zur Wintersonnenwende findet man bei dem mittleren Tempel, wo jeweils die rechten Seitenaltäre auf den Azimut 245° ausgerichtet sind. Eine Besonderheit stellt der außerhalb der Tempel liegende kleine Altar dar, der mit 247° ebenfalls auf die untergehende Sonne ausgerichtet ist. Er liegt

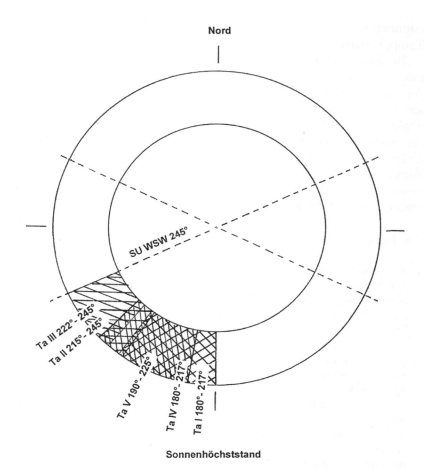

Abb. 53: Azimutbereiche für den Sonnenlichteinfall in die Tempel von Tarxien durch die Eingangsbereiche bzw. durch angenommene Oberlichter

auf dem Kreisbogen der Hauptfront, die den großen Vorhof begrenzt. Möglicherweise ist dies ein Opferaltar, der für eine größere Menschenmenge einsehbar seien sollte.

Bei dem ersten Tempel findet sich eine Ausrichtung von 180°, das heißt nach Süden, wenn die Achse vom linken Seitenaltar ausgehend durch den Eingang angenommen wird.

Für alle Tempel müssen Oberlichter oberhalb der Eingänge angenommen werden. Diese dürften aber nicht sehr hoch liegen, da die Tempel relativ klein sind.

In dieser Tempelanlage wird erneut deutlich, dass die Ausrichtung der Tempel wahrscheinlich nicht auf den kurzen Moment des Auf- und Untergehens eines Himmelskörpers bezogen ist, sondern auf den Prozess des Untergangs der Sonne. Rituelle Handlungen begleiteten dann möglicherweise den Vorgang. Warum in Tarxien der Sonnenuntergang im Gegensatz zum Sonnenaufgang bei den anderen Tempeln hervorgehoben wird, ist damit noch nicht erklärt. Änderungen in den religiösen Auffassungen können dabei eine Rolle gespielt haben. Die vermehrte Auseinandersetzung mit der Rolle des Todes, könnte dabei eine Ursache sein.

7.6. Borg in Nadur

Aus dem Tagebuch:
Die Nebenstraße an der Südküste nach Borg in Nadur war mit Schlaglöchern übersät. Sie führte durch eine ehemals schöne kleingliedrige Landschaft, die aber jetzt gnadenlos zersiedelt und verschandelt war. Müll und Abraum überall. Mitten drin kleine und kleinste Felder, die Reste einer kleinbäuerlichen Landwirtschaft. Dazwischen Kleinindustrie und alte Kasernenanlagen der Engländer. Die Krönung der Landschaftszerstörung ist der neue Containerhafen mit seinen großen Kranbrücken. Das Ganze angesiedelt in der „Pretty Bay." Man kann es fast nicht glauben, wie rücksichtslos die Natur verbraucht wird. Mit dem Containerhafen ist das ehemalige Handelsleben im Hafen von Valletta erloschen. Reichtum scheint auf dem Lande nicht verbreitet zu sein. Überall wird zwar gebaut, daneben gibt es aber viel Verlassenes und Zusammengestückeltes...

Lage und Zustand

Der Tempel von Borg in Nadur liegt oberhalb des Ortes Birzebbuga auf einem Geländevorsprung mit einem weiten Blick über die Bucht von Marsaxlokk (Abb. 32). Nach Nordosten zieht sich ein kleines fruchtbares Tal. Ringsherum befinden sich kleine Felder und alte Bauerngehöfte. Der Blick auf die Bucht ist durch neue landwirtschaftliche Bauten beeinträchtigt (Foto 24).

Der Zustand der Anlage stellte sich als ziemlich desolat dar. Die

Ruinen scheinen sich im alten Zustand nach einer Ausgrabung zu befinden und sind durch keine Umfriedung geschützt. Die verschiedenen Bauten lagen neben einem kleinen Tempel, ebenso ein Versammlungsplatz, der gepflastert war. Nur von diesem kleinen Tempel ist noch der Grundriss einigermaßen zu erkennen (Foto 25). Die Grundrissform ist die eines typischen maltesischen Tempels mit zwei Raumpaaren an einer Hauptachse (Abb. 54). Einige imposante größere Steine stehen noch in einer Art Altarform, die in die vermutliche Umfassungsmauer eines größeren Tempels integriert waren.

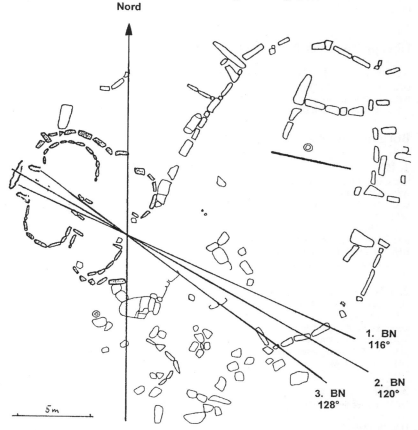

Abb. 54: Azimute für den Sonnenlichteinfall in Borg in Nadur (Grundriss aus J. Freeden)

Es wird auf Grund der Funde in der näheren Umgebung von Borg in Nadur angenommen, dass es sich um einen der ältesten Siedlungsplätze von Malta handelt. Ebenfalls gibt es Siedlungsreste aus der Bronzezeit in unmittelbarer Nähe. Der Name Borg Nadur kommt aus dem arabischen und heißt soviel wie Steinhaufen zur Beobachtung.

Messprotokoll: Borg in Nadur kleiner Tempel

Lage:	35°50`nördliche Breite (TK)	Messungen:
	14°31`östliche Länge (TK)	Datum: 19.12.99
Höhe:	15 m (50 feet)	Uhrzeit: 6:50 bis 8:30 Uhr
		Grundriss aus J. von Freeden

Überprüfung der Nordrichtung

Ort: Tempeleingang, BR: Hauptachse Tempel - Delimara Point
DA: 19.12.99, 7:00 Uhr
AZ: 118° mag, Abweichung des Nordpfeils auf dem Plan von J. von Freeden 9°
WE: Wolkenband am Horizont

Borg in Nadur

1. BN
Ort: in der hinteren Apsis, BR: 1. Achse Tempel – ca. Delimara Point
AZ: 116° mag
DA: 19.12.99, 7:10 Uhr
WE: starke Bewölkung, einzelne helle Streifen Richtung Sonnenaufgang, Wind aus Südsüdost
SA: Sonnenstrahlen in den Wolken über Delimara Point
HH: -1°, HM: Die Küste steigt steil aus dem Wasser, im Schnittpunkt Meereshorizont und Küste scheint der Aufgangspunkt zu liegen.

2. BN
Ort: in der hinteren Apsis, BR : Hauptachse
AZ: 120° mag
DA: 19.12.99, 7:20 Uhr
WE: Sonne tritt kurz aus den Wolken
SH: 5°, SE: Sonne scheint voll in der Hauptachse
HH: -1°, HM: Meerhorizont

3. BN
ORT: rechter Seitenaltar, BR: Ende Kaimauer Containerhafen
AZ: 128° mag.
DA: 19.12.99, 7:45 Uhr
WE: Sonne scheint kurz durch Wolken
SH: 10°, SE: noch in Tempel
HH: -1°, HM: Meereshorizont

Kommentar:

Die Exposition des Tempels zum Sonnenaufgang bei der Wintersonnenwende ist zu erkennen. Dabei sind drei Achsen festzustellen, eine durch den Eingang auf den linken Tempelbereich, eine entlang der Hauptachse und schließlich eine vom rechten Teil des Durchgangs zum Eingang (Abb. 54). Der Sonnenaufgang konnte wegen der Bewölkung nicht von Anfang an beobachtet werden. Er lässt sich an dem Schnittpunkt der Steilküste von Delimara Point und dem Meereshorizont vermuten, von wo die Sonne mit einem Azimut von 116° in den Tempel auf die linke Seite des Durchgangs einfallen kann. Hiermit liegt der Sonnenaufgang an einem ähnlich markanten Punkt, wie vermutlich bei der Tempelanlage von Tas–Silg (2,5 km nordöstlich, ist nicht besucht worden), die ebenfalls mit dem Azimut von ca. 115° und mit der Landzuge Xrobb II –Ghagin einen Fixpunkt ganz im Osten von Malta hat.

Mit aufsteigender Sonne fällt die Sonne mit einem Azimut von ca. 120° entlang der Hauptachse des Tempels in die hintere Apsis und mit 128° auf den rechten Seitenteil des mittleren Durchgangs. Da die Anlage sehr klein ist, durchläuft die Sonne den Tempel in kürzerer Zeit als andere.

7.7 Ggantija
Gozo

Aus dem Tagebuch:
Interessant war das Gespräch mit den Aufsehern, zu denen sich noch ein paar Gärtner gesellten. Es seien schon Leute hier gewesen, die den Sonnenaufgang im Sommer fotografiert haben, unter anderem Deutsche und Amerikaner. Aber wie gesagt, der Direktor Pace (Museum in Valletta) hielte nichts davon. Sie sagten mir, als ich nach der Bedeutung des Wortes Nadur fragte, dass es ein arabischer Name sei und so etwas Ähnliches wie Wächter, Aufpasser heißen würde. Das Wappen von Nadur ist ein Turm mit einer aufgehenden Sonne. Vereinfacht jetzt nur oben weiß und unten blau, darauf die aufgehende Sonne. In der Kirche von Nadur ist das komplette Wappen zu sehen. Als ich noch mal in Nadur nachfragte, bestätigte mir eine alte Frau den arabischen Ursprung des Namens. Die Engländer hätten zur Beobachtung einen Turm gebaut. Aber schon vorher habe dort ein Turm

gestanden zur Beobachtung von ankommenden Feinden, zum Beispiel den Türken. Wirklich interessant für mich ist die Tatsache, dass nach meiner Berechnung die Sonne zur Wintersonnenwende ungefähr hinter der Kirche von Nadur mit einem Azimut von 115° aufgeht. Das heißt die Sonne kommt aus einem Hügel auf dem zweithöchsten Berg von Gozo. Bestens zu orten. Besser als über dem Meer, wo die Orientierung am Horizont unmöglich ist. Der Name Nadur taucht in Malta noch öfter auf. Zum Beispiel auch beim Tempel Borg in Nadur (Steinhaufen zur Beobachtung).

Die Sonne steigt in der Vorstellung der Vorfahren aus der Unterwelt auf an einem bestimmten Punkt. Die Wohnung der Götter ist auf dem Berg. Von dort beginnen sie, siehe Olymp, ihre Reise über die Welt. Genau wie die Sonne. Für die neolithischen Baumeister war die Beobachtung der Sonne maßgebend für die Ausrichtung ihrer Bauten...

Lage und Zustand

Der Tempel von Ggantija stellt die größte und am besten erhaltene Anlage der Inseln Malta und Gozo dar. Ihr kommt für Gozo eine besondere Bedeutung zu, weil hier keine weiteren nennenswerten Tempelanlagen erhalten sind. In der Nähe liegt auf dem gleichen Plateau nur noch die große Kreisanlage „Xaghra Steinzirkel", die einen unterirdischen Friedhof beinhaltet. Ggantija liegt am Rand einer zentralen Hochebene mit einem Blick auf den südlichen Teil der Insel. Ringsum sind zum Teil in Terrassenbau einige Felder gelegen, die von kleinen Süßwasserbächen bewässert werden. Da die Insel nicht groß ist, kann der Tempel von allen Orten der Insel zu Fuß in ein paar Stunden erreicht werden. Seine zentrale Lage lässt auf eine ehemalige fundamentale Funktion schließen.

Der jetzige Erhaltungszustand ist vergleichbar mit dem vor 200 Jahren. Zu der Zeit wurden die ersten Zeichnungen der Anlage gemacht. Auch haben keine übermäßigen Rekonstruktionen stattgefunden, so dass man sowohl den Grundriss und als auch den Wandaufbau als weitgehend authentisch ansehen muss. Die gewaltigen Gesteinsmassen und einzelne Großsteine waren wohl der Grund, warum der Tempel nicht komplett als Steinbruch missbraucht wurde. Dazu kam sicher eine gewisse Scheu, den heiligen Bezirk zu stören (Foto 26).

Die Anlage besteht aus zwei ineinandergebauten Tempeln, deren

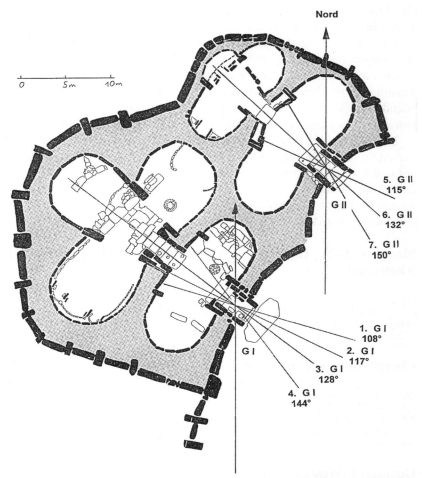

Nord

0 5m 10m

5. G II
115°

G II

6. G II
132°

7. G II
150°

1. G I
108°

2. G I
117°

G I

3. G I
128°

4. G I
144°

Abb. 55: Grundriss der Tempelanlage von Ggantija I und II mit den Azimuten für den Sonnenlichteinfall

innere Formen dem typischen Baustil mit zwei Raumpaaren entspricht. Sie haben lediglich unterschiedliche Größe. Es wird häufig davon ausgegangen, dass der kleinere, östliche als Anbau aufzufassen ist. Die äußere Form der beiden Tempel ergibt sich aus zwei nebeneinandergelegten Fünfecken, deren Eckpunkte jeweils auf einem Kreis liegen. Die vorgelagerten Plätze sind möglicherweise

89

ebenfalls von Kreisformen abgeleitet. Dies ist an den konkaven Tempelfronten zu erkennen (Abb. 5 und 55).

Die Eingänge und Durchgänge werden durch große Monolithe, die besonders exakt gearbeitet sind, geprägt. In den Außenwänden wurden monumentale Steine eingearbeitet, die auf hohes technisches Vermögen der Erbauer schließen lassen (Foto 28). Die massiven Wände erweisen sich im oberen Bereich nach innen gezogen, so dass von einer Überdachung ausgegangen werden kann (Foto 29).

Die Wände der Innenräume waren höchstwahrscheinlich mit Putz versehen, der mit roter Farbe bedeckt war. Reste davon wurden gefunden. Verwitterungen an den weichen Kalksteinen im Inneren lassen auf Schutt in einer gewissen Höhe schließen, der die Anlage im unteren Bereich geschützt hat. Diverse „Schmuckelemente" an den Steinen wurden auf diese Weise erhalten.

Messprotokoll: Ggantija I (Westtempel) und Ggantija II (Osttempel)

Lage:	36°03' nördliche Breite (TK)	Messungen:
	14°16' östl. Länge (TK)	Datum : 20.12.99 und 21.12.99
Höhe:	127 m (425 feet)(TK)	Uhrzeit: jeweils von 6.30 bis 9.30 Uhr
		Grundriss nach D. J. Evans (M-K)

Überprüfung Nordrichtung

ORT: Eingang Tempelanlage, BR: Polarstern
DA : 20.12.99, 6:15 Uhr
AZ : 0° mag. Nord, 1° Abweichung von Polarstern Nord Richtung Ost. Abweichung von
Nordpfeil Grundriss 9° (M-K), keine Abweichung von Messung (A-V)
WE: Wolkenlöcher, Sterne gut sichtbar

Ggantija I (Westtempel)

1. GI
ORT: linker Seitenstein neben mittleren Durchgang, BR: durch Tempeleingang Mitte
AZ: 108°mag, Richtung für angenommenen SA, vergl. Mnajdra 117° (TK)
DA: 20.12.99, 7:08 Uhr, zu dieser Zeit sollte die Sonne aufgehen (Times Malta)
WE: stark bewölkt, Regenschauer
SA: nicht sichtbar
SE: nicht sichtbar, vermutlich auf linken Seitenstein
HH: 0°, vergl. 0°30' (B), Entfernung 2,4 km Höhendifferenz ca. 20 m
HM: Hochebene von Nadur

2. GI

ORT: linker Seitenstein neben mittleren Durchgang, BR: durch Tempeleingang Mitte
AZ: 117°mag - Richtung für angenommenen SA, vergl. Mnajdra 117° (TK)
DA: 20.12.99, 7:08 Uhr, Sonnenaufgang (Times Malta)
WE: stark bewölkt, Regenschauer
SA: nicht sichtbar
SE: nicht sichtbar, vermutlich auf linken Seitenstein
HH: 0°30' (B), Entfernung 2,4 km, Höhendifferenz ca. 20 m
HM: Hochebene von Nadur

3. GI

ORT: Mitte Hauptaltar, BR: über Mitte Haupteingang, Tempelachse
AZ: 128°mag, 128° (A-V)
DA : 20.12.99, UZ: 8:15 Uhr
WE: stark bewölkt, mit wenigen Wolkenlöchern
SH: 9°, SE: kurzer Sonneneinfall auf Hauptaltar entlang der Hauptachse über Haupteingang
HM: Hochebene von Nadur (links vom Turm)

4. GI

ORT: rechter Seitenstein neben mittleren Durchgang, BR: über Mitte Haupteingang
AZ: 144°mag
DA: 20.12.99, 9:10 Uhr
WE: stark bewölkt, mit Wolkenlöchern
SH: 16°, SE: kurzer Sonneneinfall auf Seitenstein
HH: 0°, HM: Höhenzug

Ggantija II (Osttempel)

5. GII

ORT: linker Seitenaltar neben mittleren Durchgang, BR: durch Mitte Haupteingang
AZ: 115° mag Richtung für angenommenen Sonnenaufgang, vgl. Mnajdra 117° (TK)
DA: 20.12.99, UZ: 7:09 Uhr
WE: stark bewölkt
SA: nicht sichtbar
SE: kein Sonneneinfall- vermutlich auf linken Seitenaltar
HH: 0° 30' (B) 2,4 km Entfernung Höhendifferenz ca. 25 m
HM: die Kirche von Nadur mit der Kuppel

6. GII

ORT: Hauptaltar, BR: über Mitte Haupteingang - Tempelachse
AZ: 132°mag, 133° (A-V)
DA: 21.12.99, 8:35 Uhr
WE: stark bewölkt, kurzzeitig Sonne
SH: 13°, SE: kurzer Sonneneinfall auf Hauptaltar entlang der Hauptachse
HH: 0°, HM: Turm an der südlichen Spitze der Hochebene von Nadur

7. GII

ORT: rechter Seitenaltar neben mittleren Durchgang, BR: über Mitte Haupteingang
AZ: 150°mag
DA: 21.12.99, UZ: 9:20 Uhr
WE: stark bewölkt, größere Wolkenlöcher
SH: 19°, SE: kurzer Schein auf rechten Seitenaltar

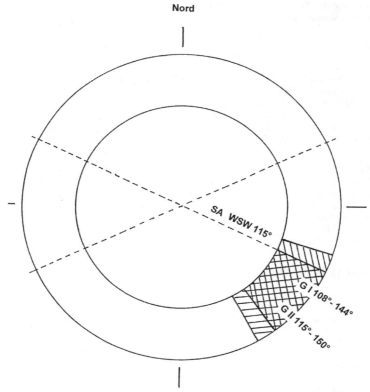

Abb. 56: Azimutbereiche für den Sonnenlichteinfall zur WSW durch die Eingangsbereiche der Tempel in Ggantija

Kommentar:

Da am 20.12. und 21.12. morgens Wolken die Sicht behinderten, konnte der Sonnenaufgang in Ggantija nicht am Horizont beobachtet werden. Am 21.12. kamen heftige Regenschauer dazu, die erst gegen 9:30 Uhr nachließen. Die Sonnenhöhen wurden durch Wolkenlöcher gemessen, durch sich die Sonne manchmal blicken ließ (Foto 30).

Die Richtung mit 115° bei GI 1 und bei GII 1 wurde von den linken Seitenaltären durch die Mitte der Türöffnungen gemessen. Es musste zunächst angenommen werden, dass in dieser Richtung die Sonne aufgeht, wenn man den gemessenen Azimutwinkel von mag. 115° für den Sonnenaufgang in Mnajdra heranzieht. Die Dokumentation des Sonnenaufgangs 23.12.99 gelang dann im nördlichen Tempelteil Joseph Attard aus Gozo mit einem Foto (Titelfoto). Anhand der topografischen Karte und dem Foto konnte der Aufgangsazimut von 117° ermittelt werden. Die Sonne geht links neben dem Mühlenberg von Nadur auf. Die Sonne scheint dann auf den linken Seitenaltar im östlichen Tempel, möglicherweise auch auf den linken Seitenaltar im westlichen Tempel.

Die Sonneneinfälle auf die je drei Altäre sind so, dass sie bei den entsprechenden Sonnenhöhen durch mögliche Oberlichter über den Haupteingängen gekommen seien können. Der Einfall entlang der Hauptachse wäre mit einer Sonnenhöhe von 9° - 13° anzunehmen (Abb. 19). Die Steine am Eingang lassen eine Oberlichtkonstruktion zu. Die Sonne fällt allerdings in die Hauptachsen beider Tempel zu unterschiedlichen Zeiten ein, weil die Achsen um 4° voneinander abweichen. Die Hauptachse von dem kleineren Tempel weist auf die südliche Abbruchkante der Hochebene von Nadur mit seinem Turm (Foto 27). Die Hauptaltäre werden gut eine Stunde nach Sonnenaufgang voll beleuchtet. Insgesamt braucht die Sonne rund zwei Stunden, um die Tempel zu durchwandern (Abb. 55). In maßstabsgerechten Modellen konnte der Sonneneinfall simuliert werden (Fotos 33 bis 35).

Der Horizont wird vom Hochplateau Nadurs gebildet und den inzwischen darauf gebauten Häusern. Der Name Nadur kommt aus dem arabischen und bedeutet soviel wie Wächter, Beobachtungsplatz (vgl. den astronomischen Begriff Nadir). Das Wappen von Nadur ist eine aufgehende Sonne. Die Kirche von Nadur liegt von Ggantija genau im Azimut 115° auf dem mit 150 m höchsten Punkt des Plateaus, eine der höchsten Erhebungen von Gozo.

In der Legende um den Tempel wird von einer Riesin berichtet, die den Bau errichtet und dabei noch ihr Kind auf den Armen gehalten hat. Nicht weit vom Tempel, ein paar Kilometer zur Küste Richtung Norden liegt eine Grotte, die „Höhle der Kaplypso", in Anspielung auf die Irrfahrten des griechischen Helden Odysseus, der hier gelandet seien soll. Er wurde von einer Göttin acht Jahre lang als unfreiwilliger Gemahl in ihrer Höhle gehalten.

Das Wetter war insbesondere im Dezember mit Regenschauern und kalten Windböen so schlecht, dass deshalb ein nach oben hin ungeschützter Tempel kaum vorstellbar ist.

7.8. Bugibba

Lage, Zustand und Ausrichtung

Die Anlage von Bugibba liegt an der Südseite der St. Paul`s Bay auf einer Höhe von 15 m unweit der Küste. Sie ist im Grundriss nur noch teilweise erhalten. Er lässt eine fünfteilige Komposition erahnen. Die Hauptachse zeigt mit einem Azimut von 201° (A-V) nach Südsüdwest. Sie reiht sich damit in die Ausrichtung der Tempel von Tarxien ein, die zur gleichen Kulturstufe gehören. Die Nachmittagssonne zur Wintersonnenwende kann dort eingefangen werden. Die Werte des Tarxien Tempels TA I (201°) und TA V (205°) sind für die Hauptachse annähernd gleich. Ähnlich liegen die Werte von Mnajdra III (207°). Für die Einzeichnung der Azimutbereiche für den Sonnenlichteinfall sind die Werte von Bu 180° bis Bu 220° zusätzlich angenommen.

Abb. 57: Ruine von Bugibba aus Nordost (Foto aus J. Freeden)

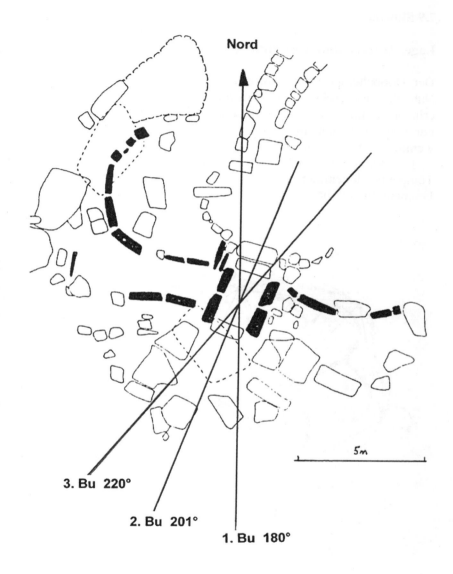

Abb. 58: Azimute für den Sonnenlichteinfall in Bugibba

7.9 Skorba

Lage, Zustand und Ausrichtung

Der Doppeltempel von Skorba liegt an einem Südosthang in der Nähe des Ortes Zebbieh ca. 1 km von Ta Hagrat entfernt. Die Anlage erinnert in ihrem größeren Teil an den Tempel von Ggantija, ist aber nur noch in Resten im Grundriss erhalten. Ebenso sind nur noch wenige aufrechte Steine zu sehen (Fotos 38 und 39).

Die Anlage entspricht dem typischen Aufbau der maltesischen Tempel mit Innenräumen in Kleeblattform im Kopfbereich und einer Ummantelung (Abb. 59).

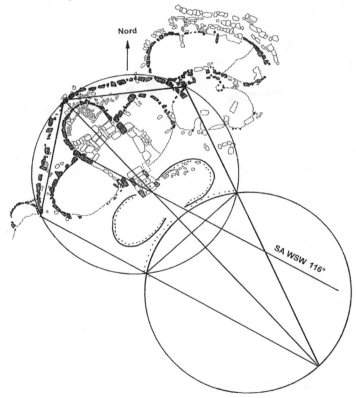

Nord

SA WSW 116°

Abb. 59: Geometrische Grundstruktur des Tempels Skorba I (Ergänzungen wie bei Ggantija I)

Die Ausrichtung des größeren Teils zeigt zum Sonnenaufgang der Wintersonnenwende. Der kleinere Teil weist eine Ausrichtung zur späten Vormittagssonne. Trotz unvollständigem Erhaltungszustand sind folgende Azimute festzuhalten:

1. **S I 116°**
2. **S I 134°**
3. **S I 154°**

4. **S II 155°**
5. **S II 168°**
6. **S II 188°**

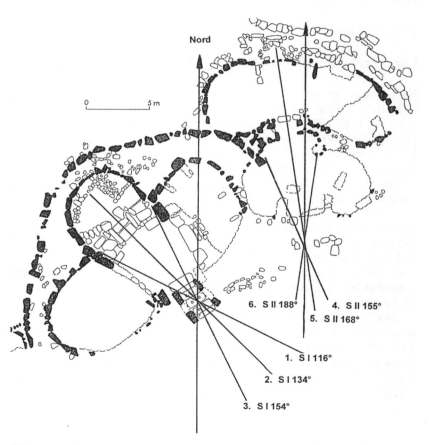

Abb. 60: Azimute für den Sonnenlichteinfall in Skorba I und II

Entsprechend der Ähnlichkeit zu anderen Anlagen ist von einer jeweils fünfteiligen Komposition auszugehen. Sie ist in dem Versuch zur geometrischen Grundstruktur dargestellt (Abb. 59). Der Azimutbereich für Skorba I könnte etwas kleiner sein, da von einem größeren Tempel mit einem Haupteingang in einer konkaven Front ausgegangen werden kann. Die Azimutwerte wurden aber durch den noch vorhandenen Durchgang festgelegt.

Die Azimutwerte der Hauptachsen sind den Messungen von Agius und Ventura entnommen. Der Nordpfeil ist davon abgeleitet.

7.10 Tal-Qadi

Lage, Zustand und Ausrichtung

Nach einem Besuch des Tempels am 20.12. und am 22.12. 2001 konnte festgestellt werden, dass der Tempel eine andere als die zunächst angenommene Ausrichtung besitzt. Er ist wie die Tempel von Tarxien zum Sonnenuntergang der Wintersonnenwende ausgerichtet. Er ist damit nicht mehr die in der ersten Auflage dieses Buches angenommene Ausnahme in der Ausrichtung aller maltesischer Tempel, die sich an der Wintersonnenwende orientieren (siehe Kreisdiagramme S. 27, 28, 30). Die Azimute lauten 1.TQ 241°, 2. 254°, 3.272°.

Der Tempel besitzt einen hohen Grad an Zerstörung. Trotzdem kann anhand von mehreren flachen Steinen, die zum Bodenbelag bzw. zum Eingangsbereich gehören, und einer Reihe von aufrechten Steinen, die zwei Halbkreisen bilden, festgestellt werden, dass der Tempel eine Ausrichtung nach Südwesten und nicht nach Nordost aufweist. Er besaß höchstwahrscheinlich ebenfalls die typische Form des maltesischen Tempels mit den fünf Apsiden.

Der Tempel liegt an einem flachen Hang, so dass vom Eingang im Südwesten der Gang zum Kopfende ansteigt. Der Blick vom Eingang führt über eine fruchtbare Ebene zu einer Hügelkette. Dort konnte am 22.12.2001 der Sonnenuntergang zur Wintersonnenwende hinter dem höchsten Punkt auf der linken Seite eines langgezogenen Hügels beobachtet werden. Die Höhe beträgt 4,5°.

7.11. Xrobb il-Ghagin

Lage, Zustand und Ausrichtung

Die Tempelanlage von Xrobb il-Ghagin, östlich des Ortes Marsaxlokk, ist größtenteils zerstört, so dass nur bedingt Aussagen über die Ausrichtung getroffen werden können. Sie liegt so nahe an einem Klippenrand in 30 m Höhe, dass Teile der Anlage in jüngerer Zeit abgestürzt sind. Agius–Ventura haben für die Hauptachse einen Azimut von 2. XG 140° angegeben. Ergänzen lässt sich dieser Wert mit der Angabe von 1. XG 117° für den Sonnenaufgang zur Wintersonnenwende. Der Azimutbereich, unter dem die Sonnen einfällt, ist relativ groß. Mit einiger Bestimmtheit kann man aber auch hier von einer Ausrichtung auf die Morgensonne zur Wintersonnenwende ausgehen. Wenn noch Bodensteine eines Eingangsbereiches herangezogen werden, so findet sich hier eine Ausrichtung wie in Mnajdra I mit 4. XG 92° zum Sonnenaufgang der Tages- und Nachtgleiche.

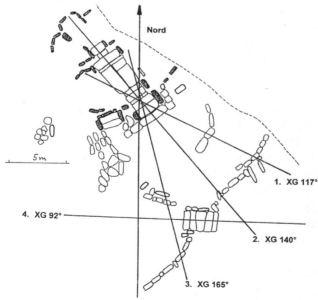

Abb. 62: Azimute für den Sonnenlichteinfall durch den Eingangs-bereich in Xrobb il Ghagin

8. Persönliches Schlusswort

„Unglaublich - Das darf doch nicht wahr sein!" – waren meine ersten Gedanken, als ich von den Zerstörungen an Maltas Tempel im April dieses Jahres las. Der „Spiegel" berichtet von irreparablen Schäden, die Unbekannte in der Nacht vom 12. zum 13. April 2001 an den Tempeln von Mnajdra verursachten. Mnajdra ist der Tempel, bei dem ich meine ersten Messungen vornahm, der Tempel, an dem die Bedeutung des Sonnenlichteinfalls besonderes auffällig ist. Er gilt allgemein als der am schönsten gelegene und erhaltene Tempel. Wie kann man nur auf den Gedanken kommen, ihn zu zerstören?!

Das Ereignis löste heftige Reaktionen in der ganzen Welt aus. Nachdem erst vor kurzem die weltberühmten Buddhas von Bamiyan in Afghanistan Opfer einer religiös begründeten Zerstörung wurden, ist mit den Tempeln von Mnajdra ein weiteres Stück Weltkulturerbe betroffen. Insbesondere in Malta selbst war die Empörung außerordentlich groß. Die Zeitungen „The Times" und „The Malta Independent" berichteten ausführlich über den barbarischen Anschlag. Im Internet wurden Fotos von Darrin Zammit Lupi durch Daniel Cilia veröffentlicht, die im Detail die Zerstörungen dokumentierten. Eine große Demonstration in Valletta, mit Unterstützung der Regierung und Teilnahme des Staatspräsidenten, verurteilte ein paar Tage danach scharf den Kulturterrorismus.

Die Zerstörungen betrafen den Doppeltempel von Mnajdra. Innerhalb weniger Stunden, in denen der Tempel, der nur mit einem schwachen Maschendrahtzaun umgeben ist, unbewacht war, müssen mehrere Personen etwa 60 schwere Steine von ihren Positionen gehebelt haben. Insbesondere handelt es sich dabei um die Mauerkrone des mittleren Tempels, dessen obere Steinreihe fast vollständig in das Tempelinnere gekippt wurde. Zusätzlich warf man ein paar große Monolithe an den Eingängen um. Auch am südlichen Tempelteil wurden Steine von der Mauerkrone ins Innere gestoßen. Bei dieser gewaltsamen Aktion zerbrachen einige Monolithe oder wurden beschädigt. Es handelt sich um eine beträchtliche Zerstörung. Eine Restauration ist wohl möglich, wenn auch unter Verlust von Originalsubstanz.

Nachdem sich die erste Wut über so viel kulturelle Ignoranz der Täter, die bis heute nicht gefasst sind, gelegt hat, sucht man nach den

Gründen. Auch wenn die Tat noch nicht aufgeklärt ist, vermutete man (nach den am Ort gefundenen okkulten Zeichen zu urteilen) die Randalierer in Sekten oder Geheimzirkeln. Es gibt aber auch den Verdacht, dass politische Motivationen eine Rolle spielen, die der Regierung schaden wollten. Schon einmal wurden politische Parolen im Zusammenhang mit Wahlen an die Tempel gesprüht. Man muss bei allen bedeutenden Kulturdenkmälern ständig von einer Bedrohung ausgehen, weil sich aus aktuellen Problemen, die die Menschen haben, demonstrative Akte ergeben können. Die symbolische Bedeutung dieser Zerstörung ist wesentlich höher einzuschätzen als ihre materielle Auswirkung und deshalb umso ernster zu nehmen.

Falsch wäre es, diese Akte als isolierte Tat einiger Verrückter abzutun. Kulturelle Zerstörung aus Eigennutz oder ideologischer Auffassung gibt es nicht nur in fernen Ländern, sondern auch bei uns. Angefangen von der massenhaften Zerstörung während und nach dem Krieg mit der Bombardierung und Sanierung von ganzen Städten, bis hin zur alltäglichen Raubgräberei im Umfeld der Archäologie. Der staatliche Denkmalschutz ist immer noch ein Stiefkind im öffentlichen Bewusstsein. Änderungen der wirtschaftlichen und politischen Rahmenbedingungen rufen andere Prioritäten auch in der Bewahrung des materiellen Erbes hervor. Schon gibt es den Ruf, wir ersticken in Denkmälern und uns fehlt der Platz für Neues. Davon kann allerdings nicht die Rede sein. Die häufig vor Ort gepflegte Heimatgeschichte ist nicht nur Tourismuspflege oder Ausdruck des Bedürfnisses nach mehr Vertrautheit, sondern zeigt auch die Angst vor Identitätsverlust in einer immer mehr zusammen wachsenden Welt mit einer nivellierten Kultur.

Der Schutz unseres kulturellen Erbes ist deshalb so wichtig, weil es ein entscheidender Teil unserer Erinnerung ist. Ohne die materiellen Zeugen der Vergangenheit und deren Aussagen können wir unsere jetzigen und künftigen Aufgaben nicht lösen. Auch wenn die untersuchten Tempel in Malta auf einer kleinen Insel im Mittelmeer liegen, sind sie doch von genereller Bedeutung und unser gemeinsames kulturelles Erbe. Wenn dort ein paar Steine umgeworfen werden, trifft es uns auch in Mitteleuropa.

In der letzten Zeit hatte ich per E-Mail Kontakt mit Frank Ventura aus Malta, der die ersten Untersuchungen zu den Ausrichtungen an den Maltesischen Tempeln vornahm. Er findet die vorliegende

Untersuchung so interessant, dass er sich für eine englische Übersetzung engagierte. Dies zeigt, dass Arbeiten an der Erforschung der Vergangenheit leicht die nationalen Grenzen überschreiten. Zwar können ein paar wild gewordene Steinewerfer Schaden anrichten, aber nicht verhindern, dass es in der Auseinandersetzung um die Deutung der historischen Zeugnisse völkerverbindendes und friedliches Zusammenarbeiten geben kann. Ein vermehrter Schutz der einmaligen megalithischen Tempel auf Malta sollte unser gemeinsames Interesse sein.

9. Literatur

Agius, George, Ventura, Frank, Investigation into the possible astronomical alignments of the copper age temples in Malta, Malta 1980

Betz, Werner, Malta – Spuren der Vergangenheit, Frankfurt 1994

Bezzina, J., Die Ggantija Tempel, Malta 1997

Bonanno, Anthony, Malta ein archäologisches Paradies, Valletta 1997

Brennan, Martin, The Stones of Time, Calendars, Sundials and Stone
Chambers of Ancient Ireland, Vermont 1994

Calvin, William, Wie der Schamane den Mond stahl, Wien 1996,
Org. New York 1991

Cooper, J.C., Illustriertes Lexikon der traditionellen Symbole,
London 1978

Eliade, Mircea, Die Religionen und das Heilige, Frankfurt 1986,
Erstausgabe Paris 1949

Evans, J. D., Malta – Ancient peopels and places, London 1959

Fodera, G., Hoskin, M., Ventura, F., The orientation of die temples
of Malta, Journal of Historie of Astronomy 23, 1992

Formosa, Gerald, The megalithic monuments of Malta, Vancouver 1975

Galling, Kurt (Hrsg.), Die Religionen in Geschichte und Gegenwart
Handwörterbuch, Tübingen 1958

Illig, Herbert, Die veraltete Vorzeit, Frankfurt 1988

Latzke, Hans E., Malta- Dumont- Reisetaschenbuch, Köln 1990

Mayrhofer, Karl, Das Rätsel von Hagar Qim, Malta 1997

Mayrhofer, Karl, Prähistorisches Malta – Traxien-Tempel und
Saflieni-Hypogäum - Beschreibungen von Prof. Sir Th. Zammit,
Malta 1994

Micallef, Paul, Der prähistorische Tempel Mnajdra - Ein Kalender
aus Stein, Malta 1991

Müller-Karpe, Hermann, Handbuch der Vorgeschichte, 3. Band,
Kupferzeit, Malta, München 1974

Pace, Anthony, Maltese prehistoric art 5000-2500 BC, Valletta 1966

Schlosser, W., Cierny, J., Sterne und Steine, Ein praktische Astro-
nomie der Vorzeit, Stuttgart 1997

Singh, Madanjeet, The Sun, Symbol of Power and Life, UNESCO,
New York 1993

Stefan, Paul, Ortung in Volkerkunde und Vorgeschichte, Stuttgart 1956

Teichmann, Frank, Megalithkulturen in Irland, England und der Bretagne, Stuttgart, 1983

v. Freeden, J, Malta und die Baukunst seiner Megalith- Tempel, Darmstadt, 1993

Veen, Veronika, Die Göttinnen von Malta, Hüterin der Wasser und der Erde, Haarlem 1997

von Reden, Sibylle, Die Megalith-Kulturen, Köln 1989

Anmerkungen:

[1] Bonanno, A.(1997): Malta ein archäologisches Paradies

[2] Müller- Karpe, (1974): Handbuch der Vorgeschichte, 3. Band Kupferzeit, Textband, S.173

[3] Pace, A. (1996): Maltese prehistoric art - 5000-2500 BC, S. 9

[4] Reden S.v. (1989): Die Megalith-Kulturen, Zeugnisse einer verschollenen Urreligion, S. 83

[5] Ebert (Hrsg.) (1926): Reallexikon der Vorgeschichte, 7. Band, S. 361

[6] Bezzina, J. (1999): Die Ggantija Tempel, S. 4

[7] Freeden, J.v. (1993): Malta und die Baukunst seiner Megalith- Tempel, S. 32

[8] Eliade, M. (1998): Die Religionen und das Heilige, S.65 ff

[9] Freeden, J.v : a.a.O. S.66-67

[10] Agius, G. / Ventura, F. (1980): Investigation into the possible astronomical Alignments of the copper age Tempels in Malta, University Press, S.8

[11] ebenda: S.27 ff

[12] Bonanno, A.: a.a.O, S.23

[13] Formosa, G. (1975): The megalithic Monuments of Malta, S. 20 ff.

[14] Micallef, P. (1991): Der prähistorische Tempel von Mnajdra - Ein Kalender aus Stein, S. 9

[15] Fodera, G./ Hoskin, M./ Ventura, F. (1992): The orientation of the temples of Malta, Journal of History of Astronomy 23, S. 107-119

[16] Mayrhofer, K. (1997): Das Rätsel von Hagar Qim, S. 26

[17] ebenda, S. 109

[18] Stephan, Paul, Ortung in Völkerkunde und Vorgeschichte, Stuttgart, 1956, S. 13

[19] Schlosser, W./ Cierny, J. (1997): Sterne und Steine, S.135

[20] Agius, G./ Ventura, F.: a.a.O., S. 7

[21] Agius, G./ Ventura, F.: a.a.O., S.8, S.36 ff

[22] Schlosser, W./ Cierny, J. : a.a.O., S. 135

[23] Pace, A. (1996): a.a.O., S.24

[24] Micallef, P. : a.a.O., S. 22 ff

[25] Stefan, P.(1956): Ortung in Völkerkunde und Vorgeschichte, S.19, S.3

[26] Cooper, J.C. (1986): Illustriertes Lexikon der traditionellen Symbole, S. 40

[27] Willis, R. Hrsg. (1994): Mythen der Welt, S.142

[28] Mayrhofer, K. (1994): Prähistorisches Malta – Einleitung, S.8

[29] Agius, G./ Ventura, F.(1980): a.a.O, S.4 f.

[30] vergl. Schlosser, W./ Cierny, J. (1997): a.a.O., S.183

Foto 1:
Blick aus dem Tempel
Mnajdra I mit Azimut 120° am
22.12.1999 um 7:30 Uhr

Foto 2:
Ein Blick auf den rechten
Altarstein in Mnajdra I bei
Sonnenaufgang am
22.12.1999 um 7:30 Uhr

Foto 3: Blick durch den Tempeleingang von Mnajdra I auf den gegenüber liegenden Höhenzug (Azimut 92°)

Foto 4: Der Eingang des Tempels Mnajdra II erstrahlt im Licht der aufgehenden Sonne am 16.12.1999 gegen 7:45 Uhr (Azimut 123°)

Foto 5: Blick auf eine Seitenkammer in Mnajdra II, Richtung Süden am 16.12.1999 um 8:30 Uhr (kurz nach Sonnenaufgang)

Foto 6: Blick entlang der Hauptachse des Tempels Mnajdra II auf das Meer (Azimut 138°)

Foto 7: Blick entlang des Hauptachse von Mnajdra III am 22.12.1999
kurz nach Sonnenaufgang (Azimut 207°). Im Hintergrund die
Insel Filfla.

Foto 8: Relief eines Tempels am linken Seitenaltar von Mnajdra II

Foto 9: Schalenstein mit Kreuz, daneben ein Teil des Eingangssteines von Mnajdra II

Foto 10: Blick in den Tempel Ta Hagrat I entlang der Hauptachse (Azimut 130°) am 16.12.1999 gegen 15:00 Uhr. Im Hintergrund die Kuppel der Kirche von Mgarr.

Foto 11: Der zentrale Raum in Ta Hagrat I mit rechter und linker Altarnische (16.12.1999, gegen 15:00 Uhr)

Foto 12: Haupteingang von Hagar Qim I. Vorn rechts ein aufrechter Stein, hinter dem die Sonne zur WSW aufgeht (siehe unten).

Foto 13: Blick vom linken Seitenaltar in Hagar Qim I durch den Haupteingang zum SA zur WSW (Azimut 118°)

Foto 14: Teil der Umfassungsmauer von Hagar Qim I, Ostern 1999

Foto 15: Im linken Seitenaltar von Hagar Qim I liegt ein Spiralenstein, davor ein kleiner Altar mit pflanzlichem Ornament (Ostern 1999, vormittags)

Foto 16: Der Tempeleingang von Hagar Qim I ist mit dem Azimut von 207° nach Südwest ausgerichtet.

Foto 17: Vom Nordtempel Hagar Qim II aus blickt man Richtung Süd auf Hagar Qim I (17.12.1999, 8:30 Uhr)

**Foto 18: Kordin I und II vom Dach des anliegenden Klosters aus
(18.12.1999, 12:00 Uhr)**

Foto 19: Blick entlang der Tempelachse von Kordin I (Azimut 144°)

**Foto 20: Blick durch den Haupteingang von Tarxien V entlang der
Hauptachse (Foto aus: Faltblatt Tarxien-Tempel)**

**Foto 21: Tarxien IV, Altar in der Apsis
(Foto aus: Faltblatt Tarxien-Tempel)**

Foto 22:
Rechter Seitenaltar in Tarxien V. Deutlich erkennbar die Rekonstruktionen aus Beton und die restaurierten Spiralmuster
(Foto: Sven Näther)

Foto 23:
In Tarxien findet man die Spiralmuster in zahlreichen Varianten.
(Foto: Sven Näther)

Foto 24: Blick entlang der Tempelachse von Borg in Nadur in Richtung Delimara Point. Am 19.12.1999 um 7:10 Uhr ging die Sonne mit einem Azimut von 117° auf.

Foto 25: Reste der Tempelaußenmauer in Borg in Nadur

Foto 26:
Ggantija I und II aus
der Luft. Die Sonne
fällt mit einem Azi-
mut von 117° in den
Tempel hinein.
(Fotoausschnitt:
Phillip Maurizio Ursо

Foto 27:
Entlang der Haupt-
achse des Tempels
Ggantija II blickt man
auf den Wachturm
von Nadur
(Azimut 132°,
Sonnenhöhe 13°,
20.12.1999, 8:35 Uhr)

**Foto 28: Aus sehr großen Steinen besteht die Rückseite der
Umfassungsmauer von Ggantija I (20.12.1999, 8:35 Uhr)**

**Foto 29: Am 20.12.1999 um 8:35 Uhr: Die Sonne bescheint die Front
von Ggantija II und trifft in die Hauptachse des Tempels**

Foto 30:
**Sonnenlichteinfall
entlang der Haupt-
achse von Ggantija I,
Blickrichtung aus-
wärts
(Azimut 128°,
Sonnenhöhe 9°,
20.12.1999, 8:15 Uhr)**

Foto 31:
**Zur gleichen Zeit ein
Blick entlang der
Hauptachse in den
Tempel Ggantija I
hinein**

Foto 32: maßstabsgerechtes Modell der Tempelanlage Ggantija I mit beleuchteter Front

Foto 33: Maßstabsgerechtes Modellvon Ggantija II: Fällt das Licht mit Azimut 117° durch den Eingang, trifft es den linken Seitenaltar.

Foto 34: Maßstabsgerechtes Modellvon Ggantija II: Fällt das Licht mit
Azimut 132° durch den Eingang, trifft es den Hauptaltar...

Foto 35: … und bei einem Azimut von 150° den rechten Seitenaltar.

Foto 36: In den seitlichen Apsiden wurden viele der Nischen sorgfältig rekonstruiert. (Foto: Sven Näther)

Foto 37: Auf manchen Steinen hat sich die ursprüngliche Verzierung der Innenräume bis heute erhalten: Spiralmuster und Reste rötlicher Farbe sind deutlich erkennbar. (Foto: Sven Näther)

Foto 38: Ruine des Westtempels von Skorba (Foto: Sven Näther)

Foto 39: Den senkrecht stehenden Kalksteinen hat die Witterung stark zugesetzt. Im Hintergrund rechts Skorba II. (Foto: Sven Näther)